Apicoltura per principianti

Come fare ed allevare le tue prime colonie di api

Carlo Mondorli

indipendentemente dalla forma finale che l'informazione assume. Questo include le versioni copiate dell'opera, sia fisiche che digitali e audio, a meno che il consenso esplicito dell'Editore sia fornito in anticipo. Ogni altro diritto è riservato.

Inoltre, le informazioni che si possono trovare all'interno delle pagine descritte qui di seguito devono essere considerate sia accurate che veritiere quando si tratta di raccontare i fatti. Come tale, qualsiasi uso, corretto o scorretto, delle informazioni fornite renderà l'editore libero da responsabilità per quanto riguarda le azioni intraprese al di fuori della sua diretta competenza. Indipendentemente da ciò, ci sono zero scenari in cui l'autore originale o l'editore possono essere ritenuti responsabili in un

Sommario

Capitolo uno

<u>Lo studio scientifico delle api da miele</u>

Non è stato fino al XVIII secolo che lo studio sistematico delle colonie di api è stato condotto dai filosofi naturali europei e ha iniziato a comprendere l'affascinante e segreto mondo della biologia delle api. Swammerdam, René Antoine Ferchault de Réaumur, Charles Bonnet e François Huber furono influenti tra questi pionieri della ricerca. Swammerdam e Réaumur furono anche i primi a usare il microscopio e la dissezione per capire la biologia interna delle api. Réaumur fu tra i primi a creare un'arnia di osservazione con pareti di vetro per aiutare a monitorare il comportamento degli alveari. Trovò regine che deponevano uova in celle aperte, ma aveva ancora poche idee su come fecondare una regina; nessuno aveva mai visto una regina e un fuco accoppiarsi, e diverse ipotesi suggerivano che le regine fossero "autofertili", mentre altri sostenevano che una nebbia o "miasma" emanato dai fuchi fecondasse le regine senza alcuna interazione fisica. Con l'osservazione e i test, Huber è stato il primo a dimostrare che le regine vengono fisicamente inseminate dai fuchi oltre i confini degli alveari, di solito a grande distanza l'una dall'altra.

Usando lo stile di Réaumur, Huber mise in piedi delle arnie di osservazione migliorate con pareti di vetro e delle arnie sezionali, che potevano essere aperte come le foglie di un libro. Questo permetteva l'ispezione dei singoli favi di cera e migliorava notevolmente l'osservazione diretta dell'attività dell'alveare. Huber assunse un assistente, François Burns, per fare rapporti regolari, eseguire studi meticolosi e prendere registrazioni dettagliate per più di vent'anni, mentre lui diventava cieco prima dei vent'anni. Huber confermò che un alveare è composto da una regina, che è la madre sia delle operaie che dei fuchi maschi della colonia. Fu anche il primo a riferire che l'accoppiamento con i fuchi avviene al di fuori degli alveari e che le regine vengono inseminate da una serie di incontri consecutivi di fuchi maschi, in alto nell'aria a una distanza considerevole dal loro alveare.

Nel 1768/1770, per esempio, Thomas Wildman riportò le fasi intermedie del passaggio dalla vecchia apicoltura alla moderna, spiegando i miglioramenti rispetto alla devastante antica apicoltura basata sul cinismo in modo che le api non dovessero più essere distrutte per estrarre il miele. Per esempio, Wildman installò una coppia parallela di barre di legno attraverso la parte superiore di un'arnia di paglia o scettica (con un piano di paglia separato da montare successivamente) "in modo che ci siano in totale sette barre" [in un'arnia da 10 pollici (250 mm)] "in cui le api fissano i loro favi." Spiegava anche l'uso di queste arnie in una struttura a più piani, prefigurando l'uso attuale dei melari: spiegava l'introduzione (al momento giusto) di successive arnie di paglia sotto e infine l'eliminazione di quelle sopra quando erano libere dalla covata e piene di miele, in modo che le api potessero essere tenute separatamente al raccolto per la stagione successiva.

Evoluzione dei disegni dell'alveare

Gli apicoltori e gli inventori su entrambe le sponde dell'Atlantico si imbatterono nell'idea di Langstroth per le arnie a favo libero, e una grande varietà di arnie a favo mobile furono sviluppate e inventate in Inghilterra, Francia, Germania e Stati Uniti. In ogni paese emersero disegni classici: Le arnie Dadant e Langstroth sono ancora prevalenti negli Stati Uniti; l'alveare con abbeveratoio De-Layens divenne popolare in Francia, e l'alveare British National divenne comune nel Regno Unito fino agli anni '30, mentre il più piccolo alveare Smith rimane popolare in Scozia. Il tipico alveare a trogolo continuò in alcuni paesi nordici e in Russia fino alla fine del 20° secolo ed è ancora conservato in alcune regioni. I disegni Langstroth e Dadant, tuttavia, rimangono onnipresenti negli Stati Uniti e in altre parti d'Europa, mentre Svezia, Danimarca, Germania, Francia e Italia hanno tutti i loro disegni di alveari nazionali. Le differenze regionali dell'alveare si sono sviluppate per riflettere l'ambiente, la qualità floreale e le caratteristiche riproduttive delle diverse sottospecie di api native in ogni bio-regione.

Le differenze nelle dimensioni dell'alveare di tutti questi alveari sono trascurabili a causa dei fattori generali: sono tutti quadrati o rettangolari; usano tutti telai di legno compatti; sono tutti composti da una base, un armadio per la covata, un melario, una tavola per la corona e un tetto. Le arnie sono state storicamente costruite in legno di cedro, quercia o cipresso, ma le colonie fatte da un polistirolo denso stampato a iniezione sono diventate sempre più popolari negli ultimi anni.

Gli alveari spesso usano escludiregina per evitare che la regina deponga le uova nelle celle adiacenti a quelle che contengono il miele destinato al consumo tra la covata e i melari. Di solito, con l'introduzione degli acari nel 20° secolo, i pavimenti degli alveari sono spesso coperti con una rete metallica e un vassoio flessibile per una parte dell'anno (o per tutto l'anno).

Nel 2015 Cedar Anderson e suo padre Stuart Anderson hanno sviluppato il metodo Flow Hive in Australia, permettendo l'estrazione del miele senza costose macchine centrifughe.

Capitolo Secondo

<u>Benefici dell'apicoltura</u>

Sempre più persone in tutto il mondo si rendono conto della necessità dell'apicoltura. Ti starai chiedendo come può aiutarti e quali cambiamenti puoi fare diventando un apicoltore. Inutile dire che l'apicoltura è un lavoro benefico. Il tempo dedicato all'apicoltura non sarà mai sprecato. Conoscere le api ed essere in grado di gestire la colonia con successo vi renderà orgogliosi. Inoltre, le api sono sotto pressione globale. A causa dell'influenza combinata di molti fattori, la sua popolazione sta diminuendo, tra cui il riscaldamento globale e l'ampio uso di pesticidi in agricoltura, che hanno l'effetto di uccidere un gran numero di api.

Come apicoltore, puoi godere dei seguenti vantaggi principali:
Utile e prezioso

Diventerai un produttore di cose utili e preziose nel mondo. L'apicoltura vi permetterà di produrre miele. È una merce popolare che può portarvi dei profitti. Avrete anche molto miele per il vostro uso. La domanda globale di neonati è così alta che la produzione raramente soddisfa pienamente il bisogno. Tuttavia, è essenziale notare che non tutti gli apicoltori sono impegnati nella produzione di miele a scopo di lucro.

Raccogliere altri prodotti dell'alveare

Oltre al miele, diventerai anche produttore di altri prodotti dell'apicoltura che abbiamo visto. Il prezzo di questi prodotti dell'alveare è considerevole sul mercato. Puoi puntare a raccogliere uno di questi prodotti alternativi dell'alveare all'ingrosso come principale sottoprodotto dell'attività di apicoltura. Gli apicoltori che operano su scala sufficiente, infatti, fanno molti soldi con prodotti dell'alveare diversi dal miele che raccolgono e vendono. Parleremo di questi più avanti.

Contribuire alla protezione

Diventando un apicoltore, contribuirai al lavoro di apicoltura. Nell'apicoltura, puoi permettere alle colonie di api regolari di ripristinare le colonie di api selvatiche. La popolazione selvatica di api aiuta anche a mantenere la diversità genetica dell'intera specie e i vari vantaggi della diversità genetica funzionale.

Come fanno gli apicoltori

L'apicoltura è cresciuta nel tempo. In modi specifici, il modo in cui l'apicoltura viene eseguita oggi varia da come veniva condotta nel suo periodo iniziale. Nei tempi moderni l'apicoltura è fatta principalmente usando alveari. Molte delle colonie assomigliano alle cavità degli alberi, o gli apicoltori usavano le prime arnie di legno.

Negli anni passati l'apicoltura era praticata da agricoltori con grandi appezzamenti di terreno, spesso per un periodo molto lungo, o mettendo alveari nei boschi. È stato attribuito alla necessità di scoraggiare le api dal comunicare con gli esseri umani e altre specie. Occasionalmente le api diventano molto territoriali dal loro alveare e mordono qualsiasi animale o persona che incontrano - entro una certa distanza dall'alveare stesso. I progressi nel riconoscere l'ape del miele e la sua natura hanno permesso negli anni di portare l'ape del miele vicino a casa.

L'allevamento selettivo e altre tecniche di gestione dell'apicoltura hanno aiutato gli apicoltori a creare colonie molto stabili di api da miele che non sono in grado di continuare a pungere senza provocazione. Queste innovazioni hanno reso molto semplice l'allevamento delle api in ambiente rurale. Un ulteriore miglioramento nella comprensione della violenza nelle api da miele ha permesso di praticare l'apicoltura urbana. Con le precauzioni appropriate che vengono prese e la protezione in cima agli obiettivi dell'apicoltore, molti residenti possono tenere le api nelle aree urbane.

I progressi di oggi negli alveari L'apicoltura è stata eseguita principalmente utilizzando alveari. Nel corso del tempo, questi alveari hanno fatto molta strada e hanno subito una notevole trasformazione in quello che sono ora. Gli alveari moderni utilizzano spesso tecniche che favoriscono lo sviluppo e permettono di puntare su alcuni prodotti dell'alveare rispetto ad altri. Questo miglioramento del sistema utilizzato per ospitare le api da miele è definitivo e permette la longevità della colonia di api da miele anche dopo la lavorazione dei prodotti dell'alveare. Gli alveari precedenti, recenti come l'arnia a tronco, rendevano impossibile la vita eterna della colonia di api da miele, poiché la raccolta del miele avrebbe distrutto gran parte del favo di covata che di solito si trova vicino all'entrata dell'alveare. I principali sciami usati oggi in apicoltura sono l'arnia Langstroth, l'arnia Top Bar, l'arnia Warré, la tradizionale arnia britannica. Altri sono l'arnia Layens e l'arnia Dadant, che forse non sono così comuni ma hanno ancora un uso appropriato. L'idoneità di queste arnie varia a seconda dei gusti dei singoli apicoltori e se la colonia ha un orientamento verticale o orizzontale.

Fattori chiave da considerare nell'apicoltura Qui di seguito troverai le considerazioni principali che dovrai prendere in considerazione quando entrerai nell'apicoltura.

1. I dintorni dell'alveare Dopo aver accettato di ospitare le api, dovrai pensare a dove metterle. Il luogo in cui vengono ospitate le api è noto come apiario o apiario. Dovrai consultare l'autorità locale per informarti sulle loro regole di apicoltura, che variano da stato a stato a nazione a nazione.

Se hai intenzione di tenere le api nel tuo giardino, dovresti parlare con i membri della famiglia e i vicini e prendere accordi con loro per evitare potenziali litigi.

La prossima cosa che dovrai fare è scegliere il miglior tipo di arnia in cui tenere le tue api.

2. Stili di alveari - A Top Bar Beehive - Alveare Langstroth Prende il nome dal suo creatore precedente Rev L.L. Langstroth, ha un passato di oltre un decennio e mezzo. Gli hobbisti e gli apicoltori commerciali in genere preferiscono questa forma di arnia, e molto comune in Nord America e Nuova Zelanda. I suoi vantaggi includono una pulizia semplice, un design compatto con ampio spazio tra le camere di covata e i melari, telai convenientemente rimovibili per una semplice ispezione delle api, e la divisione delle api; le arnie possono anche essere riutilizzate. Il più grande svantaggio di questa arnia è che le api vengono disturbate ancora di più rispetto alle altre forme di arnie durante l'ispezione.

Alveare a barra superiore Grazie alla sua semplicità di installazione e durata, l'alveare a barra superiore è di solito usato comunemente. Le api non si distraggono facilmente durante l'ispezione con un'arnia a barra superiore, quindi assicura che le api consegnino miele di buona qualità. Tuttavia, l'arnia a barra superiore aiuta le api a produrre più cera e meno miele, rispetto agli altri due stili di alveari di cui sopra. Ad ogni ispezione, le api di solito hanno bisogno di creare nuovi favi, e la loro natura trasparente apre i favi a tutte le condizioni ambientali che spesso possono essere troppo difficili per le api.

Alveare Warré L'alveare Warré è molto facile da gestire rispetto alle altre colonie ed è adatto alle persone che sono occupate e non hanno abbastanza tempo per comunicare frequentemente con le api.

British Style National Beehive Normalmente si trova molto diffuso nel Regno Unito. Tra i suoi vantaggi ci sono l'accessibilità e la facilità di montaggio; ha anche molto successo. La maggior parte degli apicoltori che l'hanno usata, però, si sono lamentati che la sua cassetta di covata è molto più piccola del solito. Per risolvere il problema si può usare una scatola di covata diversa per il suo funzionamento.

3. Tipicamente la posizione più sicura per mettere l'alveare in un luogo soleggiato con un po' d'ombra, con una vicina riserva d'acqua come uno stagno. L'alveare dovrebbe essere posizionato in modo che sia rivolto a sud e dovrebbe anche avere una recinzione a nord che serva da frangivento. Una posizione vicino a un campo di fiori è molto più adatta perché le api possono trovarla comoda per raccogliere il nettare e tornare rapidamente ai loro alveari.

Inoltre, sarà prudente scoprire qualsiasi potenziale predatore di api e decidere se questi predatori entrerebbero rapidamente nell'alveare. Non vorrai spendere il tuo tempo prezioso e le tue risorse in tutto il duro lavoro e poi alla fine rischiare la tua colonia di api ai predatori.

4. Altre cose importanti di cui avrete bisogno Come descritto sopra, le persone vogliono entrare nell'industria dell'apicoltura per vari motivi, ma il miele è tipicamente la fonte primaria per l'apicoltura. Le api, come sapete, si scatenano alla minima provocazione e possono scatenare punture dannose sugli esseri umani, quindi devono essere maneggiate con grande cautela e cura. Perciò un apicoltore può richiedere una certa protezione quando esce per trattare le api durante l'ispezione quotidiana dell'alveare o la raccolta. La maschera da apicoltore, le scarpe da apicoltore, il cappello e la sciarpa da apicoltore, la giacca da apicoltore e gli stivali da apicoltore devono essere acquistati da un apicoltore. Questi sono i pezzi di abbigliamento difensivo che aiuteranno a non pungere le api quando si comunica con loro. Dovrai procurarti l'affumicatore per api e lo smielatore per la raccolta del miele. L'affumicatore per api aiuta a rilassare le api e a renderle meno rumorose quando tratti ogni oggetto dell'alveare. Quando hai raccolto i favi ricchi di miele, la prossima cosa da fare è togliere il miele e la cera dai favi senza distruggerli. È qui che l'Estrattore di miele torna utile. L'estrattore di miele aiuta ad estrarre il miele dai favi delle api senza danneggiare i favi o la cera. Ci sono due tipi principali di

estrattori di miele: quello manuale e quello automatico. Puoi iniziare con uno smielatore manuale essenziale se sei un apicoltore principiante, perché è più economico.

Effetti delle punture e misure di protezione
Alcuni apicoltori sostengono che più punture un apicoltore riceve, meno dolore provoca, e trovano importante essere punti un paio di volte a stagione per la salute dell'apicoltore. Gli apicoltori hanno alti livelli di anticorpi (principalmente IgG) che rispondono a un antigene delle api velenose, la fosfolipasi A2 (PLA). La frequenza delle punture delle api è correlata agli anticorpi.
L'abbigliamento protettivo che permette a chi lo indossa di rimuovere i pungiglioni e le sacche di veleno con un semplice strattone dei vestiti può anche ostacolare e ridurre l'entrata del veleno nel corpo dalle punture delle api. Anche se il pungiglione è spinato, è meno possibile che un'ape operaia rimanga intrappolata nei vestiti che nella pelle umana.
Se un apicoltore viene punto da un'ape, ci sono anche delle misure preventive da prendere per assicurarsi che la zona colpita non si irriti troppo. Il primo passo cautelativo da fare dopo una puntura d'ape è quello di rimuovere il pungiglione senza spremere le ghiandole velenifere che sono attaccate. Una semplice raschiatura con le unghie è efficace e intuitiva. Questa mossa ha successo nel garantire che il veleno iniettato non si diffonda, mentre gli effetti collaterali della puntura possono

andare via più velocemente. Lavare l'area contaminata, anche con acqua e sapone, è un modo sicuro per evitare la diffusione del veleno. L'ultima mossa necessaria è quella di aggiungere ghiaccio o un impacco freddo alla zona punta.

Sicurezza in apicoltura

Nell'apicoltura, la sicurezza è della massima importanza. Sia gli individui che gli animali corrono spesso il rischio di essere punti dalle api nell'area generale di un alveare o di un apiario. Per un'apicoltura sana e ininterrotta, è essenziale anche una protezione adeguata. L'apicoltore può pungere le api e causare problemi medici. Altri individui e il bestiame possono subire perdite, e un'azione civile può essere lanciata contro l'apicoltore. Pertanto la manutenzione dell'alveare, dell'apiario e dell'area generale è una parte significativa dell'apicoltura.

L'apicoltura sana si fa con altre persone e animali con lo sfruttamento della sala d'apicoltura. Le api da miele mostrano un'accelerazione verticale per distanza orizzontale con un rapporto costante di 1:1 di salita verticale. La collocazione di schermi e pareti intorno agli alveari permette alle api di migrare verso l'alto e lontano dalle persone e dal bestiame circostanti. Le siepi sono di notevole utilità a questo scopo. Inoltre, il luogo scelto per gli alveari è più sicuro se è nascosto dalle strade utilizzate da persone e animali. Nelle aree urbane densamente sviluppate, l'apicoltura urbana è fattibile mettendo gli alveari sui tetti. Le api di solito non volano giù per pungere le persone dal tetto, ma foraggiano molto bene il cibo dell'alveare.

Le tute per api La protezione per gli apicoltori che lavorano dentro e intorno alle api inizia con un vestito da apicoltore. In passato, l'unica difesa disponibile per gli apicoltori era costituita da abiti pesanti. La tuta da apicoltore è favorita nell'apicoltura moderna. Variazioni della tuta sono state rese aperte agli apicoltori. I cambiamenti richiedono un flusso d'aria, e alcuni sono minimalisti, come giacche e vestiti per l'apicoltura.

Un'altra parte del completo da apicoltore relativamente invariato è il berretto da apicoltore, che conferisce protezione al viso e alla schiena dell'apicoltore.

Un altro strumento usato nell'apicoltura è l'uso di Smoke Smoke per migliorare la sicurezza. Si usa un'attrezzatura chiamata affumicatore di api. Di solito viene rilasciato sulle api. In parte, l'affumicatore brucia combustibili a base di legno per creare fumo. Le api si nutrono di miele a causa della loro naturale, istintiva risposta al fumo e hanno difficoltà a pungere. Mentre le api consumano il polline, l'apicoltore può svolgere i compiti che si prefigge nell'alveare. Un secondo effetto del fumo è l'intrappolamento dei feromoni emessi quando un'ape viene schiacciata o ci punge.

Usare l'acqua zuccherata Una tendenza salutare dell'apicoltura ha visto alcuni apicoltori introdurre l'uso dell'acqua zuccherata per rendere le api meno propense a pungere. L'applicazione di acqua zuccherata in una nebbia fine fa sì che le api comincino a spulciarsi da sole e tra di loro. L'apicoltore continua la sua attività all'alveare mentre sono così impegnate.

Cautela con i macchinari e le attrezzature Nel campo dell'apicoltura si usano una varietà di macchine. Il numero di strumenti che si utilizzano varia a seconda della scala della vostra operazione di apicoltura, la capacità di acquistare attrezzature specializzate. Molti di questi dispositivi possono essere secchi, avere lame, o altrimenti causare lesioni.

L'apicoltore deve leggere i manuali operativi per ogni macchina che usa in apicoltura, e prendere precauzioni per garantire il funzionamento sicuro della macchina in ogni momento.

Anche gli strumenti e gli altri dispositivi usati in apicoltura sono un livello su cui la protezione dovrebbe essere sottolineata. Questi dispositivi possono causare lesioni agli apicoltori se usati in modo improprio. La regola di base è che si dovrebbe usare l'attrezzo solo per il compito assegnato, e farlo con la propria protezione in mente e per quelli intorno a voi.

L'evoluzione dell'apicoltura è un ciclo continuo, ma spesso un po' lento. I nuovi progressi nell'apicoltura hanno introdotto metodi unici e molto affascinanti per l'apicoltura agli apicoltori. Per non essere lasciati indietro, crescono anche gli articoli per l'apicoltura di cui gli apicoltori potranno beneficiare. Molti di questi articoli notevoli includono; Servizi di impollinazione Gli agricoltori stanno gradualmente vedendo i servizi degli apicoltori per le attività di impollinazione delle api da miele. Gli apicoltori che forniscono questi servizi spostano le loro api da un posto all'altro e permettono alle api di impollinare le piante nei campi coltivati.

Api a cassetta Gli apicoltori dividono le colonie e vendono le scissioni come api a cassetta per il lancio di nuove colonie di api da miele. In ambienti locali, un apicoltore, adottando i concetti di scambio di api da pacchi, sosterrà quello successivo con un insediamento.

Funzionamento delle api regine L'alveare delle api da miele richiede spesso l'aggiunta di una nuova ape regina in un alveare. Essa aiuta la variazione genetica della colonia, calma la colonia e, in molte situazioni, garantisce la continuazione dell'esistenza della colonia. Il metodo usato per farlo è chiamato requeening. Il prodotto più evidente dell'apicoltura è un altro bene dell'alveare che può essere il miele raccolto. È comunemente usato, principalmente come dolcificante. Ci sono, tuttavia, altri prodotti dell'apicoltura che vengono raccolti. Negli ultimi anni, alcuni di questi articoli sono stati di nota, mentre altri sono stati intorno per diversi anni. Alcuni altri prodotti delle api oltre al miele includono: Cera d'api La cera d'api è per abbondanza e popolarità la seconda droga più cruciale dell'alveare. Le api usano la cera per costruire le fondamenta su cui allevano i loro piccoli e conservano il miele. Tali strutture sono conosciute come favi. La cera si modella in gruppi esagonali. La faccia di un favo ha migliaia di celle di questo tipo. Il favo è di solito bifronte. La cera d'api congela appena sotto il punto di ebollizione nell'acqua, ad alte temperature. Anche la carta è combustibile.

L'uso delle candele di cera d'api è quotidiano. Molti gruppi cristiani, storicamente, insistono che le candele usate nei riti religiosi siano fatte di cera d'api. La cera d'api è usata in diverse pelli, prodotti cosmetici e medicinali come creme e saponi.

Il polline è un altro prodotto dell'alveare comune nell'apicoltura moderna. Viene usato in molti modi, ma soprattutto come complemento salutare del latte. È ricco di proteine. Il polline viene raccolto dalle api bottinatrici dai fiori e trasformato in forma granulare nell'alveare. La polvere è usata come alimento primario per l'ape regina e le larve in una colonia di api. Molte api possono talvolta consumare anche il polline.

Pappa reale È un fluido bianco pastoso estratto e nutrito alle larve dalle api operaie. In una colonia di api mellifere, le api nutrici la producono per 5-15 giorni e nutrono le larve per tre giorni, ciascuna con pappa reale. Se le api del miele progettano di creare una nuova ape regina, le larve selezionate sono alimentate con pappa reale come larva per tutta la loro vita, anche fino a quando non diventano un'ape regina adulta. Gli apicoltori che estraggono la pappa reale hanno bisogno di strumenti speciali, quindi il materiale ottiene solo quantità limitate alla volta.

Gli esseri umani consumano spesso la pappa reale; fa un buon lavoro promuovendo lo sviluppo delle cellule neuronali, tra gli altri benefici per la salute.

Le resine di propoli sono un componente significativo della propoli ottenuta dalle api mellifere. Viene coltivata per i suoi effetti antisettici e disintossicanti. La propoli è usata in un alveare per chiudere buchi, fessure e crepe che non piacciono alle api. Impedisce la produzione microbica dell'alveare. La composizione precisa della propoli varia a seconda della stagione e delle specie di piante che sono più comunemente visitate dalle molte api mellifere che bottinano in una colonia.

Capitolo terzo

<u>Attrezzature per l'apicoltura</u>

Le esigenze delle attrezzature variano a seconda della scala dell'operazione, diverse colonie, e la quantità di miele che ci si aspetta di produrre. Gli strumenti specifici di cui hai bisogno sono un'arnia, abbigliamento di sicurezza, affumicatore e componenti del dispositivo dell'alveare e gli strumenti necessari per gestire il raccolto di miele.

L'alveare è l'edificio costruito dall'uomo in cui vive la colonia di api da miele. Nel corso degli anni è stato prodotto un grande assortimento di arnie. La maggior parte degli apicoltori oggi fa uso dell'arnia Langstroth o dell'arnia convenzionale a dieci favi. Una colonia standard è composta da un supporto per l'alveare, una tavola di fondo con un'incastellatura d'entrata o un riduttore, una serie di scatole o corpi dell'alveare con telai sospesi che contengono un fondamento o un favo, e coperture interne ed esterne I corpi dell'alveare che contengono il nido di covata possono essere segregati dai melari (dove il miele in eccesso viene conservato) con un escludiregina.

1. 1. Supporto dell'alveare - Il supporto dell'alveare, che è semplicemente un mobile opzionale, solleva da terra il fondo dell'alveare (pavimento). Questo servizio, a sua volta, abbassa l'umidità nell'alveare, aumenta la vita della tavola inferiore e aiuta a mantenere la porta anteriore libera da erba ed erbacce. Un supporto per alveare può sostenere una singola colonia, due colonie o una catena multi-coloniale.

2. Livello inferiore - Il livello inferiore serve come pavimento della colonia e come superficie di decollo e atterraggio per il foraggiamento delle api. Poiché la tavola inferiore è aperta nella parte superiore, l'insediamento dovrebbe essere ribaltato leggermente in avanti per evitare che l'acqua piovana fluisca nell'alveare. Le tavole di fondo disponibili presso molti rivenditori di forniture per api sono rimovibili e hanno una fessura anteriore di 7/8 o 3/8 di pollice.

3. Corpi d'arnia - Il corpo d'arnia regolare con dieci telaini è disponibile in quattro profondità o altezze (Figura 9). Il corpo dell'arnia a tutta profondità, che è lungo 9 5/8 pollici, è il più usato per l'allevamento delle larve. Queste grandi unità forniscono un ampio spazio per campi di covata forti e consistenti, con un'interferenza limitata. Sono sempre ottime per i melari. Pesano più di 60 libbre, però, quando sono caricate con lo zucchero, e sono difficili da tenere.

Il super di media profondità, chiamato anche super Dadant, o Illinois è alto 6 5/8 pollici. Anche se questa è la scala più adatta per i melari, il legname di dimensioni standard non può essere tagliato in modo efficiente. Alcuni apicoltori, in particolare quelli che fanno le loro scatole, scelgono un livello intermedio (7 5/8) "tra il super pieno e il super di media profondità.

L'ultra shallow-depth, lungo 5 11/6 pollici, è l'unità più leggera da maneggiare (circa 35 libbre quando viene caricato con il miele). Questo modello ha la più alta spesa di costruzione delle camere di favo disponibili per pollice quadrato.

. La lavorazione del miele a favo è un'arte tecnica che richiede una supervisione intensiva e di solito non è raccomandata ai principianti.

Alcuni apicoltori tendono a corpi d'alveare con otto piastre. Questo è stato principalmente importato, ma ora un produttore di api degli Stati Uniti commercializza scatole da otto favi come scatole da alveare per il giardino inglese. Gli apicoltori che allevano regine e vendono colonie di piccoli starter (nucs) tendono ad usare un set di tre o cinque nucs di solito con telai regolari e profondi. Possono essere acquistati dai produttori di api e sono fatti di legno o cartone, quest'ultimo solo per uso temporaneo.

A seconda della profondità dei corpi d'arnia utilizzati nel campo di covata dell'alveare, vengono utilizzati diversi schemi di gestione. Un'idea è quella di utilizzare un unico corpo d'arnia a tutta profondità, che potenzialmente darà alla regina tutto lo spazio di cui ha bisogno per deporre le uova. Un maggiore spazio è quindi necessario per lo stoccaggio del cibo e l'espansione ottimale del nido di covata. Una singola camera di covata a tutta profondità viene solitamente utilizzata quando gli apicoltori scelgono di ammassare le api per la produzione di miele da favo, quando viene montato un kit, o quando viene creata per la prima volta una colonia nucleo o una divisione. Alcuni apicoltori preferiscono usare due corpi d'arnia a tutta profondità o uno a tutta profondità e uno poco profondo per il campo di covata. L'uso di corpi d'arnia di forma identica permette lo scambio di favi tra i due corpi d'arnia. Gli apicoltori che vogliono evitare i grandi corpi d'arnia a tutta profondità possono scegliere di usare il nido di covata con tre corpi d'arnia poco profondi. Sebbene questo approccio sia adeguato, è anche la soluzione più costosa e che richiede più tempo per il montaggio, poiché ha bisogno di tre scatole e trenta telaini invece di venti.

4. Telaio e favi - Il favo di cera d'api sospeso in un telaio è la caratteristica strutturale essenziale dell'arnia. Il favo di legno o di plastica in un'arnia fatta dall'uomo è costruito da un foglio di cera d'api o da una base di plastica. Le celle disegnate sono usate per la conservazione del miele e del polline o usate per l'allevamento della covata dopo che le operaie hanno applicato la cera per stanare la base.

. Il telaio passante è composto da una barra superiore, due barre finali e una barra inferiore. Le barre superiori possono essere scanalate o incastrate; le barre inferiori possono essere rotte, ferme o scanalate. Alcune forme possono avere vantaggi rispetto ad altre, ma in generale, l'opzione è una preferenza personale che implica la considerazione dei costi. Le barre superiori alle estremità del corpo dell'alveare sono sospese su sporgenze o scanalature. Le strisce di metallo a forma di V o i distanziatori nei telai di metallo sono anche martellati per il supporto sull'incavo. Una normale barra terminale commerciale ha delle spalle che aiutano a garantire un sufficiente spazio per le api tra le strutture adiacenti e la mano della scatola.

La base del favo consiste in sottili fogli di cera d'api impressi su entrambi i lati con modelli di celle di dimensioni operaie (Figura 10) il loro spessore relativo differenzia due tipi comuni di fondazioni del favo: fondazioni inconsistenti surplus sono utilizzati per la produzione di miele a favo segmento, miele chunk, o miele cut-comb; un più spesso, base più sostanziale può essere utilizzato nella camera di covata e cornici per la lavorazione ex. Cavi esposti verticalmente, sottili fogli di fibra, piani di metallo o corde di nylon sono spesso supportati su fondazioni più spesse. Tutte le considerazioni che si dovrebbe pesare quando si determina se investire in fondazione di cera d'api di plastica in telai di plastica o fondazione di cera d'api pura in telai di legno o di plastica, il costo iniziale, il tempo di installazione, la longevità, e la durata prevista di utilizzo. Le fondazioni e le strutture chimiche stanno diventando sempre più comuni.

È fondamentale proteggere la fondazione all'interno del telaio con perni di supporto in metallo o fili orizzontali utilizzando la fondazione in cera d'api nei telai di legno. I pettini possono essere ulteriormente migliorati incorporando cavi paralleli (28 o 30 gauges) con una corrente elettrica da un piccolo trasformatore attraverso la base o utilizzando un cavo speronato incorporato. Questo compito richiede tempo ed è impegnativo da imparare, ma anche una base ben sostenuta contribuisce a favi ben disegnati.

5. Esclusore della regina - Il ruolo principale dell'escluditore della madre è quello di confinare il nido di covata alla madre, l'allevamento della covata e la raccolta del polline. Si tratta di un pezzo di equipaggiamento poco costoso che viene utilizzato dagli apicoltori di meno del 50%. Permettere alle api di iniziare a immagazzinare il nettare nei melari prima di installare l'escluditore per mitigare questo problema. Il nettare contenuto in un favo disegnato attirerà le api a trasferire l'escludibile. Non posizionare mai i melari di base sopra l'escludiregina.

Un estrattore è fatto di un sottile strato di metallo perforato o di plastica con fori abbastanza pieni per il passaggio del personale. Varianti specifiche comportano griglie saldate a filo tondo sostenute da supporti di metallo o di legno.

I telai di miele nel super immediatamente sopra la camera di covata o le sezioni del favo servono come uno scudo naturale per trattenere la regina. Questo è il motivo per cui gli escludiregina sono spesso usati con i primi melari aggiunti (ma di nuovo, solo montati dopo che il nettare è stato depositato nei melari) e poi rimossi. Poiché il favo di cera d'api usato per la covata si scurisce con l'uso, un escludiregina può aiutare a garantire che i favi di covata siano isolati dai favi di miele per evitare un eccessivo scurimento del miele.

Gli escludiregina sono anche usati in uno schema a due regine per separare le regine, per raccogliere le regine nelle colonie di regine e per evitare la sciamatura di emergenza. Un escludiregina può anche aiutare a identificare la regina. Se metti

un escludiregina tra due corpi d'alveare, deciderai quale corpo
d'alveare contiene la regina dopo tre giorni, identificando dove
si trovano le uova.

6. Coperchio interno - Il coperchio interno si trova sopra e sotto
la maschera telescopica esterna del mega superiore. Impedisce
alle api di usare la propoli e la cera per inchiodare il coperchio
esterno al mega. Offre anche uno spazio d'aria per la
separazione proprio sotto il guscio esterno. Durante il calore, lo
scudo interno copre l'interno dell'alveare dai raggi intensi del
sole. Questo impedisce all'aria carica di umidità di toccare
direttamente le superfici fredde durante l'inverno. Un'uscita per
api Porter può essere aggiunta al foro centrale del coperchio
interno per aiutare ad estrarre le api dai melari pieni.

7. Coperchio esterno - Uno scudo telescopico esterno difende le
sezioni dell'arnia dalle condizioni ambientali. Questo scivola
sopra il bordo superiore del corpo superiore dell'arnia e il
coperchio interno. Di solito, il tetto è sigillato con uno strato di
metallo per prevenire le intemperie e le perdite. La rimozione
del coperchio esterno, con il coperchio interno in posizione,
disturba meno api all'interno dell'arnia e rende facile per
l'apicoltore affumicare le api prima dell'infiltrazione della
colonia.

Gli apicoltori che spostano regolarmente le arnie usano un
coperchio trasparente, chiamato anche coperchio migratorio.
Questo tipo di coperchio si adatta a filo con i lati del corpo
dell'arnia, che può o meno allungarsi sulle estremità. Tali

coperture, oltre ad essere leggere e semplici da rimuovere, richiedono l'impilamento delle colonie. L'impilamento stretto è necessario per tenere un carico su un camion.

8. Altri pezzi di equipaggiamento - È possibile aggiungere singoli pezzi di equipaggiamento, oltre ai componenti essenziali dell'arnia. Molti apicoltori preferiscono usare la tavola di fondo a doghe; alcuni sono dipinti in un diverso modello inglese. L'apicoltura offre un grande spazio per l'immaginazione e l'individualizzazione.

9. Pittura delle parti dell'alveare - Tutte le aree dell'alveare che sono aperte all'ambiente dovrebbero essere coperte di vernice. Non si dovrebbe dipingere l'alveare all'interno, le api lo vernicerebbero con la propoli (una combinazione di cera e linfa vegetale). Nel dipingere, l'obiettivo primario è quello di conservare il legno. La maggior parte degli apicoltori usa una vernice bianca durevole a base di lattice o cera, per esterni. Un colore chiaro è vantaggioso perché, durante l'estate, evita l'accumulo di calore nell'alveare. Anche se il bianco è un colore tipico, diverse variazioni di colore possono aiutare a ridurre la deriva coloniale.

10. Strumenti di plastica - Storicamente, i pezzi principali dell'alveare sono fatti di quercia, cipresso o sequoia. Entrambi i componenti dell'alveare sono oggi disponibili in plastica. Le parti dell'alveare in plastica e i telai in plastica che si incastrano sono durevoli, affidabili, leggeri, facili da assemblare e richiedono poca manutenzione. Mentre i telai e i pavimenti di

plastica stanno diventando sempre più comuni, i rivestimenti di plastica dell'alveare, le tavole di fondo e i corpi dell'alveare non si sono dimostrati altrettanto utili perché la plastica non respira e non permette una rapida ventilazione dell'umidità. Anche la plastica si deforma rapidamente, e alcune forme lasciano entrare troppa luce, rendendo difficile il disegno della base.

11. 11. Fornitori di attrezzature - Le nuove attrezzature per le api sono generalmente "abbattute" o non montate al momento dell'acquisto, ma per un prezzo più alto e per le spese di spedizione, è anche possibile acquistare kit assemblati. Le istruzioni di montaggio sono fornite dai fornitori di api e sono generalmente facili da seguire. Gli apicoltori principianti sono altamente consigliati di provare prima l'aiuto di un apicoltore più esperto nell'installazione dei componenti dell'alveare. I principianti acquisteranno il loro equipaggiamento in anticipo in modo da poter riunire le arnie e dipingerle prima dell'arrivo delle api. I fogli di fondazione non dovrebbero essere montati nei telai fino al momento opportuno, poiché le temperature di stoccaggio e manipolazione possono permettere alla cera di diffondersi e deformarsi, con il risultato di favi mal disegnati. Molti apicoltori considerano che costruendo i loro strumenti, o acquistando macchine usate, possono risparmiare denaro. Gli apparecchi saranno una scala regolare, per tutti i metodi. La conoscenza dettagliata dello spazio per le api è un must quando si progettano le attrezzature per l'apicoltura. Si può accedere facilmente ai piani di costruzione disponibili o usare parti

industriali come modello. Molti apicoltori ritengono di poter
fare tetti, teste d'arnia e tavole di fondo in modo economico, ma
i telai sono più robusti e richiedono tempo. Il successo dipende
dalla qualità e dalla spesa delle forniture, dagli strumenti
necessari e dall'esperienza dell'apicoltore nella lavorazione del
legno.

L'acquisto di attrezzature usate può essere fastidioso e non è
raccomandato ai principianti. All'inizio si può avere difficoltà
semplicemente a trovare una fonte di macchinari usati e a
valutarne il valore o l'importanza. Inoltre, le attrezzature usate,
nonostante il tempo considerevole di stoccaggio, possono essere
di dimensioni non standard o contaminate da agenti patogeni,
che causano varie malattie delle api. Chiedete un certificato di
ispezione che dimostri che l'ispettore apistico statale ha
ispezionato gli alveari e non trova segni di malattie.

Vedi la lista dei fornitori nell'appendice o controlla gli elenchi
statali e regionali di apicoltura, il servizio di estensione della
contea locale, le riviste nazionali e internazionali di apicoltura, o
il sito web MARC (maarec.cas.psu.edu) per informazioni
rilevanti e riferimenti su attrezzature e forniture di apicoltura.

12. 12. Attrezzatura accessoria per l'affumicatore - È essenziale
per le api che lavorano avere un affumicatore per api e un'arnia.
La dimensione dell'affumicatore è una questione individuale di
gusto. Forse il più grande usato è la scala di 4 x 7 pollici.
Pianificare l'acquisto/utilizzo di un affumicatore con uno scudo
termico intorno al focolare per evitare di bruciare i vestiti o te

stesso mentre si prevede di aiutare l'affumicatore tra le gambe quando si esegue una colonia. Alcuni apicoltori preferiscono quello che ha un gancio per appendere l'affumicatore sopra il corpo dell'alveare aperto quando lo si esamina, mantenendo l'affumicatore ancora a portata di mano.

I carboni devono essere sopra la griglia e i prodotti incombusti devono essere sopra i carboni per creare grandi quantità di fumo chiaro e denso. Materiali adeguati per l'affumicatore includono iuta, pannocchie di mais, trucioli di legno, aghi di pino, plastica, legno punk, corteccia, bobine di sommacco, foglie secche, stracci di cotone e spago da bailer. È disponibile un fumo liquido alternativo che si mescola con l'acqua e si spruzza con un applicatore tipo mister sulle api - in condizioni ottimali e quando rubare è impossibile, l'atomizzazione con sciroppo di zucchero e fumo funziona.

Strumento dell'alveare - Lo strumento dell'alveare è una barra di metallo che è importante per l'estrazione dei telai in una camera di covata o super miele, la rimozione dei corpi dell'alveare, e la raschiatura via cera e propoli Fondine per catturare le attrezzature dell'alveare. Tuttavia, spesso gli apicoltori tendono a mettere l'attrezzo dell'alveare nel palmo della mano per renderlo disponibile e lasciare le dita al sicuro per sollevare i telaini. Il metodo dell'alveare per l'estrazione di propoli, cera e miele dovrebbe essere lavato di tanto in tanto. Questo può essere ottenuto letteralmente ficcando lo strumento dentro la terra o friggendolo nella ciotola del fuoco di un affumicatore -

tutte le forme di pulizia aiutano a fermare la trasmissione delle malattie delle api. Un cacciavite o un coltello da stucco è un sostituto inadeguato per un robusto dispositivo dell'alveare e può infliggere danni al telaio/corpo dell'alveare.

Abiti protettivi - Indosserai anche un foulard da ape per coprire il viso e il collo dalle punture. Ci sono tre stili comuni di veli disponibili: quelli che sono aperti in alto per andare sopra un cappello, nuvole che sono interamente senza cappello, e copre che sono parte di una tuta ape. Un velo di filo o di stoffa che sporge dal viso indossato sopra un cappello leggero e a tesa larga che si adatta bene fornisce la migliore protezione. Le maschere senza tappi, anche se leggere e convenientemente piegate per il viaggio, non sempre si adattano alla testa così strettamente come potrebbero. Quando ci si china per affrontare le api, l'elastico che avvolge la testa agisce anche all'indietro, facendo crollare il velo sul viso e sul cuoio capelluto.

Gli apicoltori hanno una grande varietà di tute (tuta da ape) disponibili in una vasta gamma di prezzi. Le tute per api più costose non sono necessariamente le più sicure o le più facili da usare. Le tute sono utili se ben trattate e lavate frequentemente, per evitare di avere la propoli sui vestiti e ridurre significativamente le punture. Comuni sono le tute da lavoro o le camicie (camicie a maniche lunghe) esplicitamente progettate per gli apicoltori con annessi veli di rimozione.

I vestiti bianchi o marroni sono più adatti alle api lavoratrici. Molti colori sono appropriati, ma le api rispondono sfavorevolmente a colori scuri, tessuti morbidi e vestiti in fibra animale. Le giacche a vento e le tute in tela di nylon ripstop sono ideali per le api lavoratrici, ma in estate possono essere troppo pesanti da usare.

I principianti che odiano essere punti dovrebbero indossare guanti di gomma o di stoffa. Molti apicoltori esperti trovano i guanti scomodi e preferiscono prendere un paio di punture per facilitare la manipolazione. I guanti aderenti (come quelli appropriati per il lavoro in laboratorio o per le faccende domestiche) minimizzano le punture di miele e propoli e le dita appiccicose. Le ginocchia con calze scure e i polsi esposti sono luoghi vulnerabili alle punture. Le api arrabbiate colpiscono anche le caviglie perché sono il punto di ingresso dell'alveare. Usa corde o elastici per proteggere le gambe dei pantaloni o infilale dentro le scarpe o gli stivali. Usano velcro, elastici o polsini per legare le maniche delle camicie aperte per ridurre le punture su queste aree vulnerabili.

Quando hai a che fare con le api, puoi smettere di usare lozioni dopobarba, profumi e colonie, poiché tali odori attireranno api sospette. Lavare regolarmente i vestiti e i guanti usati per evitare gli odori di pungiglione/alveare che possono attirare/irritare le api durante l'ispezione.

La colonia di apicoltura di base

Le api da miele sono specie di disposizione comunitaria che vivono in colonie. Le colonie di api da miele sono composte da una sola regina, centinaia di fuchi maschi e tra 20.000 e 80.000

operaie. Ogni provincia di api da miele è anche composta da uova, larve e pupe.

Il numero di individui all'interno di una colonia di api da miele dipende principalmente dai cambiamenti stagionali. Tuttavia, durante le stagioni più fredde, questa popolazione diminuirà drasticamente.

Le colonie di api da miele si basano sulla diversità della popolazione per la sopravvivenza, poiché ogni casta di api svolge compiti diversi. Così, mentre le regine sono incredibilmente forti all'interno delle loro culture, senza l'aiuto dei fuchi e dei lavoratori, non possono creare nuove colonie, che forniscono fecondazione, cibo e cera per costruire l'alveare.

Metamorfosi, Tutti i membri di una colonia di api del miele subiscono una trasformazione completa prima di diventare adulti, passando attraverso le fasi embrionale, larvale e pupale. Le larve delle api del miele sono larve senza gambe che consumano miele, nettare o polline. I bruchi perdono la loro pelle e fanno la muta alcune volte prima di raggiungere lo stadio pupale. Queste pupe emergeranno come api adulte dopo un'altra muta e continueranno a svolgere i complessi compiti della colonia.

Le regine sono gli unici membri della colonia che possono deporre le uova fecondate. Nello sviluppo di una grande colonia di api da miele, una regina che depone le uova è fondamentale e capace di produrre fino a 2.000 uova in un solo giorno. Le regine si accoppiano presto nella vita e portano milioni di spermatozoi nel loro corpo. Anche se possono vivere fino a cinque anni, in genere vivono per due o tre anni producendo uova.

Api operaie Le api operaie che lavorano all'interno di una colonia sono la popolazione più numerosa. Le api operaie sono interamente femmine ma non possono produrre uova fecondate. Spesso depongono uova non fecondate, che sono fuchi maschi, se non c'è una regina. Le api operaie usano i loro pungiglioni spinati per proteggere la colonia, ma una volta che hanno colpito, i pungiglioni si attaccano alla pelle della vittima, tagliando l'addome dell'ape che punge, con conseguente morte. Il personale è un rappresentante coloniale critico dell'ape del miele. Essi foraggiano il polline e il nettare, tendono ai fuchi e alle regine, nutrono le uova, ventilano l'alveare, proteggono il nido ed eseguono altre attività per garantire la vita della colonia. Il ciclo di vita medio delle api operaie è di circa sei settimane.

I fuchi, o api maschi, hanno un solo compito: rendere fertili le nuove regine. In genere i fuchi dormono a mezz'aria all'aperto e muoiono poco dopo l'accoppiamento. Quando il cibo per la colonia è minimo, alcune colonie di api da miele espelleranno i fuchi sopravvissuti durante l'autunno.

Sciami La sciamatura delle api da miele è una parte naturale della crescita coloniale. Le api da miele sciamano all'interno di un alveare come risultato del sovraffollamento. Per creare uno sciame, una vecchia regina delle api da miele lascia l'alveare con circa la metà delle api operaie della colonia, mentre una nuova regina rimane con la maggior parte dei lavoratori del vecchio alveare. Nella foresta, le api da miele spesso sciamano durante la tarda primavera e l'inizio dell'estate, durante le ore umide del giorno. Anche se la sciamatura fa parte del ciclo di vita stabile di una colonia di api da miele, gli apicoltori cercano anche di diminuire il verificarsi della sciamatura nelle api domestiche. Uno sciame di api può includere centinaia o migliaia di api operaie e una regina. Le api del miele che sciamano temporaneamente galleggiano e poi si stabiliscono su arbusti e rami d'albero. A seconda delle condizioni ambientali e la quantità di tempo impiegato per cercare un nuovo sito di nidificazione, gli ammassi di riposare lì per diverse ore a pochi giorni. Una volta che un'ape scout individua un luogo adatto per la nuova colonia, lo sciame vola immediatamente nel nuovo sito. Gli sciami di api da miele di solito non danneggiano gli esseri umani. Durante la folla, le api da sciame non hanno giovani o un nido da difendere, e come tale, il loro desiderio di attaccare è diminuito.

Tuttavia, quando viene innescato, uno sciame di api può colpire mentre i lavoratori cercano di difendere la loro regina. Se una grande folla di api si verifica nella vostra casa o cortile, uno specialista di controllo dei parassiti dovrà essere chiamato per rimuovere o sterminare lo sciame. Le api da miele in alcuni luoghi sono una specie protetta, quindi consulta uno specialista di disinfestazione autorizzato prima di intraprendere qualsiasi azione per conto tuo.

Scegliere il giusto tipo di ape

I nuovi apicoltori affrontano la scelta spesso difficile di quale ceppo o razza dell'ape ordinare, e da chi ordinare, quando si raccolgono i pacchi e le regine.

Le api da miele sono un mix eterogeneo di molte specie importate dall'Europa, dal Medio Oriente e dall'Africa in tutti gli Stati Uniti. Ci sono tre razze principali: Italiane, Caucasiche e Carniolane. Tuttavia, quelle che si trovano oggi negli Stati Uniti non sono le stesse delle prime razze, da cui hanno preso il nome. Per prima cosa, considera i vantaggi e gli svantaggi della coltivazione per decidere quale razza o ceppo di api si adatta meglio al tuo servizio. Potresti voler cercare regine e prodotti da vari allevatori e venditori di regine nel tempo e imparare di più sul comportamento e la redditività di ogni ceppo nelle tue condizioni locali.

La razza più comune negli Stati Uniti è l'ape italiana. Introdotte per la prima volta nel 1859, hanno effettivamente sostituito l'ape nera o tedesca originale che i primi colonizzatori avevano portato con sé. L'ape italiana è di colore giallastro chiaro o grigio con marcature marroni e nere a contrasto sull'addome. Quelle con tre bande gastriche (operaie) sono spesso chiamate italiane color cuoio; occasionalmente, quelle con cinque gruppi sono chiamate regine dorate o cordovane. Sembra che le api italiane comincino a riprodursi all'inizio della primavera e continuino fino all'autunno inoltrato, dando luogo a grandi colonie durante la stagione attiva. Le grandi colonie possono accumulare notevoli quantità di nettare in un periodo relativamente breve. Tuttavia, hanno anche bisogno di più miele per il mantenimento durante l'autunno/inverno rispetto alle razze scure. La maggior parte delle razze di api italiane si trovano tranquille e morbide sui favi. Gli svantaggi includono una più scarsa coordinazione rispetto ad altre specie, con conseguente maggior numero di api che vagano da una colonia all'altra, e una maggiore propensione al furto, che può favorire la diffusione delle malattie. Gli italiani si sono trovati, competenti governanti. Le italiane sono relativamente immuni alla peste europea (EFB) - la ragione fondamentale per cui le api nere sono state sostituite. Il colore più chiaro della regina italiana la rende più difficile da trovare nell'alveare rispetto alle regine delle altre due specie. Le api italiane creano cappucci bianchi abbaglianti, adatti all'estrazione del miele dal nido.

A volte, le api caucasiche sono descritte come le più gentili di tutte le api da miele. Sono di colore scuro fino al nero sull'addome con bande grigiastre. Preferiscono creare favi e usano grandi quantità di propoli per fissare i favi e accorciare l'altezza d'entrata. Tuttavia, alcune delle varietà più vecchie usano meno propoli. Non sono considerate adatte alla produzione di miele di favo perché propongono eccessivamente. Le caucasiche sono propense a vagare e a rubare ma non ad affollarsi inutilmente. Le colonie di solito non raggiungono la piena forza fino a metà estate, quindi conservano le loro scorte di miele un po' più a lungo rispetto alle italiane. Spesso foraggiamo a temperature molto più basse e in condizioni climatiche meno favorevoli rispetto alle api italiane, e si nota una certa resistenza all'EFB. Ci sono le caucasiche, ma non sono comuni.

Le Carniolane sono api nere di colore simile alle caucasiche, e hanno anche punti o bande bianche sull'addome. Queste api svernano come piccoli gruppi ma si sviluppano rapidamente dopo che il primo polline è disponibile in primavera. Lo svantaggio principale, tuttavia, è la sciamatura inutile. Non sono propense a imbrogliare, hanno un buon senso dell'orientamento e sono tranquille sui favi. Sono ma non accessibili. La maggior parte dello stock è classificato come un nuovo mondo carniolano ed è considerato da alcuni apicoltori come il miglior tipo di Carniola.

Le api ibride sono state create mescolando api da miele di molte linee o razze. Gli incroci inizialmente previsti portano anche a una serie di api molto prolifiche che mostrano quello che viene chiamato vigore ibrido. Questo vigore può essere sostenuto con accoppiamenti guidati. Gli ibridi commerciali (Midnite e Starline) sono formati dall'incrocio di linee consanguinee stabilite e mantenute per particolari caratteristiche come la morbidezza, la redditività o lo svernamento.

Le api di Buckfast sono una razza selezionata da diversi ceppi di api del sud-ovest dell'Inghilterra per un lungo periodo. Sono più immuni agli acari tracheali e più adatte al clima freddo della regione. Lo stock è stato spedito in questo paese (attraverso il

Canada, sperma, seme e regine adulte) ed è facilmente disponibile qui negli Stati Uniti.

La natura distruttiva degli acari parassiti e delle malattie resistenti ai farmaci ha spinto i ricercatori e gli allevatori di regine a provare api che sono immuni agli insetti e alle malattie. Tutte queste scorte saranno ora acquistate come regine. Inoltre, in popolarità, è cresciuta la domanda di scorte scelte per le regioni più settentrionali. Una selezione è il ceppo Ohio Buckeye. Queste api hanno mostrato un'eccellente resistenza agli acari tracheali e mostrano tutti i tratti di api veramente superiori nelle condizioni della Virginia Occidentale.

Altri gruppi di stock come Russian, SMR, o Hybrid (a volte Minnesota hybrid) sono api selezionate per una maggiore resistenza agli acari e un migliore comportamento igienico (pulizia dell'alveare, in particolare la rimozione della covata morta/dormiente). Questa caratteristica fa sì che le api rimuovano più rapidamente gli agenti patogeni potenzialmente dannosi dalla loro colonia. Come per qualsiasi stock, è meglio interrogare il tuo potenziale fornitore se non sei sicuro delle affermazioni fatte sulle caratteristiche dello stock. Non è una cattiva idea controllare l'esperienza di altri apicoltori che hanno usato il ceppo.

Le diverse razze di api sono il prodotto della selezione naturale per essere adatte alle aree geografiche di tutto il mondo. Le caratteristiche selezionate naturalmente fanno sì che le api siano ben adattate all'apicoltura moderna. Ci sono anche razze distinte all'interno della regione. Solo una manciata è stata portata nell'emisfero occidentale. Guarderemo le razze significative disponibili in Nord America e considereremo il loro valore nella produzione di miele da favo qui nei climi temperati.

Le diverse razze di api hanno entrambe dei vantaggi nell'apicoltura. Tuttavia, ogni tipo di api ha anche caratteristiche indesiderabili. Queste caratteristiche specifiche possono aiutare o impedire lo sviluppo dei favi. L'interesse di molte razze aumenta o diminuisce in relazione alla posizione geografica. I cicli di produzione del polline e di distribuzione del nettare differiscono da una zona all'altra. È necessario riflettere seriamente su quali specie di api sono più adatte alla vostra zona. Il giudizio è più importante quando l'obiettivo è quello di pettinare la produzione di miele.

Apismelliferascutellata-La genetica dell'ape africana è ora parte dell'evoluzione della popolazione delle api in alcune parti del Nord America. Per lo sviluppo del miele a favo, la conseguenza più distruttiva non è di solito una violenta azione difensiva. Le api africanizzate hanno una capacità molto maggiore di sciamare o di fuggire. Dopo aver ovviamente accettato un nuovo corpo d'alveare, un nuovo pacchetto di api può fuggire. Le api africanizzate lasceranno indietro la covata, spostandosi in un nuovo alveare dopo un mese di residenza. Prima che la genetica africana apparisse nell'emisfero occidentale, questa attività era molto rara se non assente.

Le api africane geneticamente modificate sciamano in autunno. Prima dell'africanizzazione delle nostre api, questa attività era inesistente o estremamente insolita. Molte api sono state anche più fisiche sulla difensiva di altre. Questo tratto è portato a uno stadio completamente nuovo dalle api africanizzate. Le api non sono state tenute derubate nella storia africana sotto il Sahara. I criminali delle api sceglieranno prima i singoli obiettivi e poi sceglieranno un comportamento offensivo e difensivo - tassi del miele e altre creature africane, così come le api derubate dalla gente di quella zona. L'unico aspetto negativo è che le caratteristiche specifiche africane tendono a controllare il distruttore di Varroa in modo diverso da quelle delle razze europee.

Apismelliferaligustica-L'ape più comune nella storia della nostra nazione è la razza di ape italiana. Ci sono anche vantaggi per certe api italiane. In primo luogo, le api italiane sono più competitive di altre specie. Nella maggior parte del nostro paese, le italiane svernano già. Tendono ad allevare la covata prima di altre razze. Queste api hanno meno probabilità di sciamare rispetto ad altre specie. In generale, le api italiane sono meno aggressive della maggior parte delle altre specie. L'uso del propoli da parte delle api italiane è tradizionale, il che è un netto vantaggio per gli apicoltori. All'inizio della stagione, la colonia italiana espelle i fuchi. Sciamano solo alla fine della stagione, se mai.

Le api italiane possono avere app indesiderate. Questa ape è più propensa di altre specie a rubare. Demoliscono rapidamente le colonie più deboli. Non svernano a temperature più fresche come altre razze. Più mercati sono utilizzati per le province italiane e devono essere nutriti di più o avere più miele su di loro che altre specie. Quando un piccolo è disponibile, le api italiane possono continuare a produrre covata dopo che un flusso di nettare cessa. La colonia italiana avrà più favi di fuco rispetto alle altre colonie di casta. Le perdite invernali con le api italiane possono essere più alte se la covata di miele immagazzinata o di nutrimento inizia a crescere.

Le caratteristiche del nuovo accumulo primaverile rendono quest'ape adatta alla produzione di miele nelle zone di foresta temperata. Negli Stati Uniti, questo coprirà la maggior parte delle aree da est all'Oceano Atlantico dalla pianura di Ozark. Se la vostra principale produzione di miele viene raccolta in aprile e maggio, allora le api italiane sono potenzialmente la scelta migliore tra le razze nordamericane disponibili. Le abitudini igieniche sono state allevate nelle api italiane del nostro continente. Lo scopo è quello di regolare gli acari e prevenire gli agenti patogeni.

Indipendentemente dalla razza, il flusso di miele più alto è necessario per lo sviluppo del miele di favo. Se il tuo flusso migliore avviene all'inizio della stagione, allora le api italiane saranno molto probabilmente pronte presto e beneficeranno dell'inondazione precoce di miele. In primavera, gli alberi di solito fioriscono presto. Gli aceri fioriranno qui nel centro del paese a febbraio.

Apismelliferacaucasica - Un'amichevole ape caucasica. Questa è meglio conosciuta per la farfalla più gentile. Le caucasiche non lavorano in condizioni di stasi. Questa ape produce colonie sane, ma sciamano meno di altre razze. Non tutto di queste api è perfetto. Il loro uso di propoli è leggendario. Sigillano quasi il loro ingresso all'alveare. I telaini possono essere difficili da staccare nella colonia. Se si vogliono perdere i telaini, devono essere lavorati regolarmente. Quest'ape è riluttante ad accumulare, e la caucasica preferisce un flusso di miele più tardivo o una corsa più veloce. Il nosema è vulnerabile alla colonia caucasica. Le caucasiche producono meno miele e i loro melari sono quadrati. Le caucasiche sono più propense a migrare rispetto alle altre razze di api.

Allestimento della colonia di api

Le api rappresentano una parte significativa di molteplici ecosistemi. La loro funzione nell'impollinazione delle piante è essenziale per la proliferazione di molte specie, e negli ultimi anni le preoccupazioni per la diminuzione del numero di api hanno alimentato i timori di una massiccia perdita di biodiversità e di colonie di insetti in fiore che predano le api.

. Non solo ha il vantaggio di mantenere la specie indefinitamente sul terreno per soddisfare le funzioni essenziali di impollinazione, ma ha anche lo scopo secondario di fornire un prodotto nutriente sotto forma di miele.

Chiacchierare con gli altri Devi consultarti con quattro classi di persone prima di intraprendere il tuo viaggio in apicoltura. Prima di tutto la tua famiglia. Tutti dovrebbero essere felici di tenere le api in giardino per sempre. In secondo luogo, assicurati di consultare il medico. Può sembrare una chiamata strana per consultare un medico su un progetto di permacultura, ma una piccola minoranza di persone sono allergiche alle punture d'api, e se punta può avere effetti significativi sulla salute. Un medico può fare un test di base per determinare se voi o uno dei vostri familiari siete a rischio. In secondo luogo, consultati con i vicini. Un altro può avere un'avversione o una reazione ad essere a stretto contatto con le api. Ci possono essere leggi di zonizzazione che vietano l'apicoltura nel tuo sito.

Trovare un sito Come per qualsiasi altra specie, è necessario trovare un sito che soddisfi tutte le esigenze delle api. Vuoi un sacco di piante nelle vicinanze per dare loro cibo. Avranno anche bisogno di accedere a una pozza d'acqua. Posiziona l'alveare in piena luce, se possibile, in modo che possano funzionare il più a lungo possibile, ma proteggi l'alveare da venti potenti perché temono di far cadere l'alveare e di disperdere la colonia. Si può scegliere un luogo con una recinzione alta e alberi circostanti. Questo fa sì che le api volino più in alto rispetto all'altezza di un umano. E alla fine, mettilo da qualche parte dove puoi avere un rapido accesso ad esso perché avrai bisogno di lavorare regolarmente con l'alveare.

Gli alveari dovrebbero essere tenuti alti da terra per creare uno stand. Questo permette il passaggio dell'aria all'interno dell'alveare e difende la colonia dalle irruzioni dei predatori del terreno. Se l'alveare è rialzato, è ancora meglio per il giardiniere di permacultura, poiché non ci si deve chinare per lavorare sulla colonia. Vecchi blocchi di cemento sono un'eccellente piattaforma per l'alveare, con un pallet di legno sopra.

Costruire un alveare Gli alveari contengono un insieme di fogli di cera d'api appesi verticalmente all'interno di un guscio. L'alveare ha almeno due tassi di fogli, uno su cui le api raccolgono i loro piccoli, e uno in alto su cui conservano il miele. Avrete bisogno di comprare o creare un recinto a più livelli, con telai racked per appendere i fogli di cera d'api. Potresti essere in grado di acquistare un alveare da un altro apicoltore, o potresti avere delle forniture di recupero per creare il tuo.

Avere qualsiasi attrezzatura L'apicoltura ha bisogno di un investimento iniziale. Il minimo di cui avrai bisogno sono due articoli: un cappuccio e un affumicatore. Il cappuccio comprende un cappello e una sciarpa che pende sotto il collo o è legato per evitare che le api di ottenere catturati nei vostri capelli o pungere aree non protette del tuo viso. Si può essere in grado di progettare la vostra versione, ma ricevere una guida da un apicoltore esperienza per garantire che si sono adeguatamente coperti.

Potresti sentirti più propenso a procurarti una tuta completa, che include stivali e guanti, soprattutto quando inizi, ma solo un cappuccio sarà sufficiente man mano che ti abitui a maneggiare le api. Chiedi ancora una volta ad altri apicoltori della zona se hanno qualche tuta di seconda mano di cui vogliono disfarsi. L'affumicatore è un pezzo integrale dell'attrezzatura per la gestione delle api. Usando una bottiglia con un soffietto attaccato, nel contenitore, si brucia del legno - gli aghi di pino funzionano bene, ma qualsiasi legno marcio dovrebbe farlo - e lo si pompa nell'alveare ogni volta che si decide di fare del lavoro per esso. Il fumo rimescola i segnali chimici che le api si mandano l'un l'altra su cosa fare, e loro diventano più disorientate e distratte e ti lasciano solo in modo che tu possa fare qualsiasi ricerca sia richiesta.

Prendi delle api. Una volta che il tuo alveare è pronto, è il momento di immagazzinarle. Le colonie possono essere acquistate da fornitori biologici accreditati. Ci sono tre specie molto diffuse. Le api italiane sono semplici da gestire e producono molto miele. Anche le api russe sono docili, ma all'inizio della primavera possono avere meno successo, mentre le carniche sono api resistenti, che possono sopravvivere anche a inverni gelidi.

Un'alternativa all'acquisto di api è offrire la possibilità di ospitare una colonia problematica. Contatta gli apicoltori locali per monitorare i parassiti. A volte sono chiamati a rimuovere una colonia di api che si è insediata in un luogo inadatto, magari nel cortile di una scuola o nella grondaia di una casa di riposo, e invece di distruggere le api, potresti dar loro una nuova vita. E se la colonia si è insediata ovunque nelle vicinanze, è un'indicazione positiva che si sono adattate alle condizioni climatiche locali e trovano abbastanza cibo per sopravvivere nella regione.

Tieni presente che se stai costruendo una nuova colonia, l'alveare potrebbe non produrre abbastanza miele extra nel primo anno per te da raccogliere. Questo perché la provincia costruisce il suo numero. Tuttavia sarete in grado di estrarre del miele entro il secondo anno, e anche prima, le api saranno una parte essenziale del vostro habitat per la permacultura.

La colonia e la sua organizzazione

Le api del miele sono insetti sociali, il che significa che vivono insieme in grandi comunità ben organizzate di famiglie. Gli insetti sociali sono insetti altamente specializzati che partecipano a diverse attività complesse che la pluralità di insetti solitari non svolgono. La comunicazione, l'intricata costruzione di nidi, la protezione dell'ambiente, la sicurezza e la divisione del lavoro sono solo alcune delle abitudini che le api del miele hanno evoluto per vivere efficacemente in colonie sociali. Tali affascinanti comportamenti rendono gli insetti sociali tra gli esseri più nuovi sulla terra in generale, e le api del miele in particolare.

Una colonia di api da miele di solito consiste di tre gruppi di lavoratori adulti: operai, fuchi e una regina. Diverse migliaia di api operaie collaborano alla costruzione dei nidi, alla raccolta del cibo e all'allevamento delle larve. I partecipanti hanno un ruolo particolare da svolgere, che è legato alla loro età adulta. Eppure la vita e la riproduzione richiedono tutti gli sforzi collettivi della colonia. Senza l'aiuto della colonia, le singole api (operaie, fuchi e regine) non possono sopravvivere.

Una colonia di solito ha una sola regina e diverse centinaia di fuchi tra la tarda primavera e l'estate, oltre a migliaia di lavoratori adulti (Figura 1). L'ordine sociale della colonia è mantenuto dalla presenza della regina e delle operaie, che si basa su una rete di comunicazione efficiente. È compito della diffusione di feromoni chimici tra i membri e delle "danze" comunicative controllare le attività necessarie alla sopravvivenza della colonia. Le pratiche di lavoro tra le api operaie dipendono principalmente dall'età dell'ape ma variano con le necessità della colonia. La frequenza della riproduzione e dell'insediamento dipende dalla regina, dal numero di riserve di cibo e dalle dimensioni della forza operaia. Quando le dimensioni della colonia salgono a circa 60.000 lavoratori al massimo, lo stesso vale per la produzione della colonia.

Regina

Ogni colonia ha una sola regina, sia dopo la sciamatura che dopo la sostituzione durante e un periodo diverso. Poiché è l'unica femmina ad essersi evoluta sessualmente, il suo ruolo primario è la riproduzione. Produce uova che sono sia fecondate che non fecondate. In primavera e all'inizio dell'estate, le regine depongono il maggior numero di uova. Le regine possono deporre fino a 1.500 uova al giorno durante il picco di sviluppo. A poco a poco, all'inizio di ottobre, smettono di deporre uova e consegnano poco o niente uova fino all'inizio della prossima primavera (gennaio). Una regina può produrre fino a 250.000 uova all'anno e probabilmente più di un milione di uova all'anno.

Una regina può essere facilmente distinta dagli altri membri della colonia. Il suo corpo è di solito molto più lungo di quello del fuco o dell'operaia, in particolare durante il ciclo di deposizione delle uova, quando il suo addome si allunga considerevolmente. Le sue ali coprono solo circa due terzi dello stomaco, mentre, quando sono piegate, le braccia delle operaie e dei fuchi raggiungono quasi la punta dell'addome. Il torace di una regina è marginalmente più significativo di quello di un'operaia, e non ha cestini per il polline o ghiandole di cera funzionanti. Il suo pungiglione è piegato e più lungo di quello dell'operaia, ma ha barbe più piccole e più corte. La regina può vivere per molti anni - a volte fino a cinque anni, ma il periodo medio di vita attiva è di 2 o 3 anni.

L'altro ruolo principale di una regina è quello di creare feromoni che servono come "colla" sociale, che unifica e aiuta a dare un'identità individuale alla colonia di api. Le sue ghiandole mandibolari producono un feromone primario - chiamato sostanza regina - ma anche altri sono essenziali. La qualità della colonia dipende in larga misura dalla capacità della regina di deporre le uova e di elaborare le sostanze chimiche. Il suo corredo genetico - insieme ai fuchi con cui si accoppia - contribuisce significativamente all'efficienza, all'altezza e alla disposizione della colonia.

La regina lascia l'alveare per accoppiarsi con altri fuchi in volo circa una settimana dopo essere emersa da una cella regina. Dato che deve percorrere una certa distanza per accoppiarsi dalla sua colonia (un modo di prevenire l'inbreeding per natura), la prima gira intorno all'alveare per orientarsi al suo posto. Lascia l'alveare da sola e si trova a soli 13 minuti di distanza. La regina si accoppia con sette-quindici fuchi ad un'altezza superiore ai 20 piedi, di solito nel pomeriggio. I fuchi identificano e ricordano la regina dal suo odore chimico (feromone). Quando il cattivo tempo ritarda il volo di accoppiamento della regina per più di 20 giorni, lei perde la capacità di opacizzarsi e può solo deporre uova non fecondate da portare ai fuchi.

La regina ritorna all'alveare dopo l'accoppiamento e comincia a deporre le uova in circa 48 ore. Quando depone un uovo destinato a diventare o un lavoratore o una regina, rilascia un po' di sperma dalla spermateca. A meno che il suo uovo non sia messo in una cella più alta di quella di un elicottero, non produce sperma. La regina è continuamente assistita dalle api operaie della colonia e viene alimentata con pappa reale. Il numero di uova che la regina depone dipende da quanto cibo riceve e dalla grandezza dell'operaia che preparerà le celle di cera d'api per le sue uova e si prenderà cura della larva che si schiuderà dalle uova in 3 giorni. Quando il materiale che la regina ha secreto non è più sufficiente, il personale prevede di rimuoverla (sostituirla). La vecchia regina e la sua nuova figlia possono essere entrambe nell'alveare per qualche tempo dopo la sostituzione.

Le nuove regine (vergini) si sviluppano a non più di tre giorni dalle uova fecondate o dalle giovani larve operaie. In tre diverse circostanze, le nuove regine sono allevate: emergenza, supersedura o sciamatura. Quando una regina precedente viene erroneamente uccisa, persa o espulsa, le api scelgono le larve dei lavoratori più giovani per creare le regine in caso di emergenza. Queste regine nascono in celle operaie modificate, sedute verticalmente in cima al favo (Figura 2). Quando una regina più vecchia inizia a lottare (diminuzione della produzione di materiale della regina), la colonia si prepara ad allevare una nuova regina. Le regine sviluppate come risultato della supersedura sono tipicamente migliori delle regine di emergenza in quanto ottengono maggiori quantità di cibo (pappa reale) durante la produzione. Le celle regine di supersedura sono di solito posizionate in cima alle celle regine di emergenza simili al pettine. Al contrario, le celle regine prodotte in preparazione alla sciamatura si trovano lungo i margini inferiori delle piastre, o in spazi vuoti all'interno della regione della covata nei favi di cera d'api.

Droni

I droni (api maschi) sono le api più grandi della colonia. Di solito sono disponibili solo in tarda primavera ed estate. La testa del fuco è molto più grande di quella della regina o dell'operaio, e i suoi occhi composti convergono in cima alla testa. I fuchi non hanno pungiglioni, ghiandole di cera o sacchetti di polline. Il loro ruolo cruciale è quello di far fecondare la regina vergine durante il suo volo di accoppiamento. Dopo l'emersione, i fuchi sono sessualmente maturi circa una settimana dopo e muoiono immediatamente dopo l'accoppiamento. Poiché i fuchi non fanno alcun lavoro utile per l'alveare, si presume che la loro esistenza sia necessaria per la regolare attività della colonia. Anche se i fuchi tipicamente si affidano ai lavoratori del cibo, possono alimentarsi da soli all'interno dell'alveare dopo i quattro giorni di vita. Dal momento che i droni consumano tre volte più cibo degli esseri umani, un gran numero di droni metterà maggiore stress sulle scorte di cibo nella colonia. I fuchi rimangono nell'alveare fino all'età di circa otto giorni, dopodiché iniziano a prendere il volo per orientarsi. Il volo dell'alveare avviene di solito tra mezzogiorno e le 16:00. I droni non sono mai stati visti prendere fiori dalla frutta.

Quando il freddo inizia in autunno e le scorte di polline/nettare sono scarse, i fuchi vengono generalmente spinti fuori al freddo e lasciati morire di fame. Tuttavia, le colonie senza regina richiedono che essi vivano per sempre nell'alveare.

Lavoratori

Le operaie sono le più piccole e costituiscono la maggior parte delle operaie che occupano la colonia. Sono femmine sessualmente non sviluppate, che non depongono uova nelle condizioni abituali dell'alveare. Le operaie hanno sistemi complessi, come ghiandole per il cibo della covata, ghiandole per il profumo, ghiandole per la cera e sacchetti per il polline, che permettono loro di eseguire gran parte del lavoro dell'alveare. Le celle vengono lavate e lucidate, la covata viene cotta, la regina viene curata, i detriti vengono rimossi, il nettare in arrivo viene gestito, i favi di cera d'api vengono fatti, l'ingresso e il filtro dell'aria vengono sorvegliati e l'alveare ventilato come adulti durante le loro prime settimane. Più tardi, come api da campo, cercano nettare, polline, acqua e propoli (linfa vegetale).

Il ciclo di vita del lavoratore durante l'estate è di circa sei settimane. Le operaie allevate in autunno possono vivere fino a sei mesi, permettendo alla colonia di sopravvivere all'inverno e aiutando ad allevare nuove generazioni fino alla loro morte in primavera.

Deposizione delle operaie Le ovaie delle operaie multiple si sviluppano quando una colonia è senza regina, e le operaie cominciano a deporre uova non fecondate. Si sospetta che la crescita delle ovaie delle operaie sia ostacolata dal coinvolgimento della covata e della regina e dalle loro sostanze chimiche. La partecipazione di operaie deponenti in una colonia significa tipicamente che per una o due settimane, la provincia è diventata senza regina. Tuttavia, le operaie ovaiole possono anche essere viste durante la stagione della sciamatura in colonie regolari "senza regina", e quando una cattiva regina sta guidando la provincia. Le colonie di operaie deposte sono facilmente riconoscibili: ci possono essere da cinque a quindici uova per cella ovunque (Figura 3), e i fuchi dal corpo piccolo sono allevati in celle di dimensioni operaie. Inoltre, le operaie che depongono le uova le spargono più uniformemente sui favi di covata, e le uova possono essere situate sui lati della cella piuttosto che alla base, dove una regina le colloca. Alcune di queste uova non si schiudono, e nelle celle più piccole, molte delle larve di fuco che si schiudono non vivono fino alla maturità.

Sviluppo delle api Prima di apparire come adulti, tutte e tre le forme di api da miele adulte passano attraverso tre fasi di sviluppo: embrione, larva e pupa. La covata è comunemente conosciuta come le tre fasi. Anche se le fasi di sviluppo sono identiche, differiscono in lunghezza (vedi tabella 1). Le uova non fecondate diventano fuchi, mentre le uova fecondate sono operaie o regina La nutrizione gioca un ruolo fondamentale nella produzione della casta delle api femmine; le larve destinate a diventare operaie ottengono meno pappa reale e più una miscela di miele e polline rispetto alle copiose quantità di pappa reale raccolte dalla larva regina.

Uova di covata Le uova delle api sono solitamente deposte dalla regina, una per cella. L'uovo in crescita è attaccato al fondo della cella e assomiglia a un piccolo chicco di riso. L'uovo sta dritto in cima all'estremità quando viene deposto per la prima volta (Figura 4). Tuttavia, l'uovo inizia a girarsi durante il ciclo di crescita di tre giorni. L'uovo si schiude in una piccola larva il terzo giorno, e il periodo larvale finisce.
Larve Le larve sicure sono colorate di bianco perlaceo con un aspetto scintillante. Sono piegate sul fondo della cella a forma di "C" (Figura 5). Le celle di lavoro, le celle della regina e le celle dei fuchi sono tappate dopo che le larve hanno rispettivamente 5 ½, 6 e 6 ½ giorni. Sono nutrite da api operaie adulte (nutrici)

mentre sono ancora nelle loro celle di cera d'api, durante lo stadio larvale. Questa fase è chiamata livello prepupale, subito dopo che la batteria è tappata. In questo momento, la larva ha ancora l'aspetto di una larva, ma si distende nella cella nel senso della lunghezza e tesse un sottile bozzolo di seta. Durante lo stadio prepupale, le larve rimangono di un bianco perlaceo, paffuto e scintillante.

Pupe Le prepupe continuano a passare dalla loro forma larvale alle api adulte all'interno delle singole celle coperte da una copertura di cera d'api fornita dalle api operaie adulte (Figura 6). Nelle prime fasi di sviluppo, le pupe stabili rimangono bianche e scintillanti, anche se i loro corpi tendono ad assumere forme adulte. Gli occhi composti sono il primo tratto che inizia a prendere colore, passando dal bianco al viola-marrone. Poco dopo, il resto del corpo comincia ad assumere il colore dell'ape adulta. Le nuove operaie, regine e fuchi emergono tra i 12, 7, ½ e 14, ½ giorni dopo che le loro celle sono state tappate, rispettivamente.

Modelli di covata È facile riconoscere buoni modelli di covata guardando la covata tappata. I telai di covata giusta hanno di solito una tendenza definita con poche celle saltate dalla regina nella sua deposizione delle uova. I cappucci sono di colore marrone medio, convessi e senza punture. A causa del periodo di sviluppo, il numero di pupe sarà quattro volte superiore a quello delle uova e la metà di quello delle larve; di solito, la covata di fuchi è a macchie lungo i bordi del sasso.

L'alveare

Gli alveari non sono molto difficili. Gli artigiani abili costruiscono anche il loro negozio nelle loro case. L'alveare può avere bisogno fondamentalmente di una copertura esterna, o anche di un tetto. Direttamente sotto il tetto c'è uno scudo interno che serve principalmente per impedire alle api di incollare saldamente il tetto ai bordi superiori della scatola dell'arnia appena sotto di esso. Non è completamente importante avere una copertura interna, quindi è un pezzo prezioso di equipaggiamento.

Sotto il coperchio interno c'è una disposizione dei melari e dei corpi dell'alveare decisa dalla stagione annuale. Molti apicoltori limitano la regina alla/e camera/e di covata con una regina senza unità. Cose come due melari e due corpi d'alveare saranno salutari in un alveare standard durante la stagione primaverile. Una tavola di fondo offre l'area di atterraggio per le api sotto tutte le varie scatole che vengono utilizzate, il che dà alla colonia un vantaggio. L'intero sistema dell'alveare è solitamente protetto da un supporto per l'alveare.

All'inizio, un piccolo martello o una chiodatrice saranno usati per assemblare i telai, ma per assemblare le parti pesanti dell'arnia, sarà necessario un martello pesante. Poiché la maggior parte dell'attrezzatura dell'alveare è fatta di legno, molti apicoltori principianti hanno già alcune delle attrezzature necessarie. Vari dispositivi per la lavorazione del legno, come martelli, uno o due scalpelli, alcune paia di pinze per tagliare i chiodi rotti, e una o due pinze per tubi sono esempi di varie piccole attrezzature da negozio che possono essere utili quando si montano i componenti dell'alveare. Nell'attrezzatura dell'alveare e nelle parti del telaio, vorrete sicuramente una bottiglia di colla esterna ordinaria per i vari giunti.

Vicino a qualsiasi posto può essere un luogo per il montaggio dell'alveare. La maggior parte degli apicoltori lavora in officina o in qualsiasi situazione del genere, basta usare quello che si ha. Non avrai bisogno di una falegnameria professionale, ma se hai una chiodatrice pneumatica e un piccolo compressore, questi sono due dispositivi molto utili, ma non completamente obbligatori.

Questa visione ingrandita dell'arnia mostra i componenti dell'arnia utilizzati nell'arnia tradizionale. È fondamentale utilizzare dimensioni standard quando si costruisce l'attrezzatura dell'alveare a casa.

Questa visione ingrandita dell'arnia mostra i componenti dell'arnia utilizzati nell'arnia tradizionale. È fondamentale utilizzare dimensioni standard quando si costruisce l'attrezzatura dell'alveare a casa.

Tipi di giunti usati nell'attrezzatura dell'alveare Mentre alcune scatole fatte in casa sono progettate con giunti di base, i giunti a

scatola e i giunti a dado sono i due più comuni giunti per alveare
che si trovano nell'attrezzatura convenzionale in legno
dell'alveare Commercialmente o in un negozio di casalinghi, i
giunti a dado sono più semplici da costruire dei giunti a scatola,
ma sono un po' più impegnativi da assemblare.

Questo è il momento di usare le suddette pinze per tubi. Queste
sono utili quando si mettono insieme i pezzi non assemblati e si
trattengono brevemente quei pezzi prima che l'incollaggio e la
chiodatura possano essere finiti.

Tetti dell'arnia La copertura più esterna dell'arnia può essere di
legno rivestito di metallo o fatta interamente di plastica. Gli
apicoltori professionisti usano regolarmente una copertura
trasparente per le tavole piatte. La copertura metallica
telescopica dell'arnia è di solito usata dagli apicoltori dilettanti.
Le coperture dell'alveare possono a volte volare via in caso di
vento forte, anche se non è un fenomeno normale.
Occasionalmente, gli apicoltori mettono un peso sulla cima
dell'arnia per proteggersi da questo raro evento.

Gli apicoltori per hobby usano tipicamente piani d'arnia in legno
con coperture in filo metallico. Un copri arnia con bordo in
legno dovrebbe essere verniciato periodicamente per rimandare
la putrefazione causata dalla pioggia e dall'umidità. Un
coprifavo piatto è una copertura più semplice ed economica, ma
comunque pratica. Le coperture di plastica sono praticamente
esenti da manutenzione, ma spesso possono essere piegate o
inarcate. I top in plastica e polistirolo esteso continuerebbero a

decadere con il tempo. Ironia della sorte, l'attrezzatura di verniciatura chimica può aiutare a evitare il deterioramento causato dalla temperatura.

Gli apicoltori per hobby usano tipicamente piani d'arnia in legno con coperture in filo metallico. Un copri arnia con bordo in legno dovrebbe essere verniciato periodicamente per rimandare la putrefazione causata dalla pioggia e dall'umidità. Un coprifavo piatto è una copertura più semplice ed economica, ma comunque pratica. Le coperture di plastica sono praticamente esenti da manutenzione, ma spesso possono essere piegate o inarcate. Le teste di plastica e le teste di polistirolo allungate possono continuare a decadere nel tempo. Ironia della sorte, le attrezzature di verniciatura chimica possono aiutare a evitare il deterioramento causato dalla temperatura.

All'interno di coperchi ed escludiregina - Attrezzatura dell'alveare essenziale ma secondaria Alcuni specialisti di colonie raccolgono colofonia naturale per produrre una sostanza per le api (propoli) da alberi e occasionalmente arbusti. Le api dovrebbero incollare saldamente insieme i componenti dell'arnia usando questa semplice colla. Le api aderiranno rigidamente alla scatola superiore senza un coperchio interno. Sbattere sull'alveare spesso irrita le api per farlo allentare. L'escludiregina ha le stesse proporzioni dell'esterno della maschera interna, ma ha una funzione leggermente diversa. La griglia metallica è appositamente progettata per permettere alle api operaie di muoversi attraverso, il che costringerebbe la regina a passare attraverso la rete. In questo modo, la regina è limitata ad una zona particolare dell'alveare e mescola la covata con il miele che l'apicoltore è destinato ad estrarre.

Il coperchio interno giace in piano con i lati dell'arnia. Sì, le api possono anche incollarlo, ma nello spazio tra il coperchio interno e il bordo superiore del guscio dell'arnia, l'apicoltore prenderà l'estremità affilata di un attrezzo da arnia e lo farà saltare fuori. Le api di guardia non sono così gustose come dovrebbero essere se si dovesse spaccare la superficie più esterna per liberarla. È comunque bello tenere le api tranquille. L'escludiregina è un pezzo di macchinario che è altamente divisivo. Molti apicoltori credono che la griglia impedisca alle api cariche di nettare di attraversare la rete. E anche altri apicoltori, tranne uno, non avrebbero i loro alveari. Sarà vostra la decisione di usare o meno questa applicazione.

Questo è troppo spesso il caso dell'attrezzatura per l'apicoltura; qualsiasi tipo di fondo si adatta eccezionalmente bene. Un foglio di metallo può essere messo durante la stagione invernale per coprire la finestra schermata. La resistente piastra di fondo diventa più rigida e spessa sotto il telaio filtrato. Molti apicoltori e specialmente quelli commerciali usano questo modello.

Questo è troppo spesso il caso dell'attrezzatura per l'apicoltura; qualsiasi tipo di pannello inferiore si adatta eccezionalmente bene. Un foglio di metallo può essere installato durante la stagione invernale per sigillare la finestra schermata. La pesante piastra di fondo diventa più rigida e spessa sotto il telaio filtrato.

Molti apicoltori e specialmente quelli commerciali usano questo modello.

La tavola di fondo - la pietra angolare dell'alveare Dopo che è stato detto e finito, la tavola di fondo è, per la maggior parte, solo una grande superficie. Per molti anni è stata per lo più una tavola solida con un bordo su tre lati, ma ora molti apicoltori usano tavole inferiori schermate. Le tavole schermate forniscono una certa regolazione dell'acaro Varroa, un insetto parassita invasivo che causa una grande quantità di danni alle api da miele. L'apertura schermata fa cadere le zecche dalle api a terra.

Le scatole per api in crescita avrebbero bisogno di numeri di telaio corretti con inserti di base. Per esempio, le tabelle di cui sopra permetteranno che la scatola di stoccaggio del miele (chiamata super) abbia 20 telai profondi e dieci telai. L'attrezzatura da 8 telai avrebbe naturalmente bisogno di meno telai.

Le scatole per api in crescita avrebbero bisogno di numeri di telaio corretti con inserti di base. Per esempio, le tabelle di cui sopra permetteranno che la scatola di stoccaggio del miele (chiamata super) abbia 20 telai profondi e dieci telai. L'attrezzatura da 8 telai avrebbe naturalmente bisogno di meno telai.

I pezzi principali dell'arnia - scatole di covata e supers Questa arnia ha un 65/8 "super sulla parte superiore, secondo è un corpo dell'arnia di plastica bianca; terzo è un corpo dell'arnia specificata congiunta e un corpo dell'arnia regolare scatola collettiva sul pavimento. Tutto l'hardware proviene da diversi fornitori, quindi è tutto abbastanza compatibile.

Questa arnia ha un super da 65/8" in cima; il secondo è un corpo dell'arnia in plastica bianca, il terzo è un corpo dell'arnia a giunto dato, e il fondo è una normale arnia collettiva a scatola. Anche l'hardware proviene da diversi fornitori, quindi è tutto praticamente identico.

Le dimensioni e le forme di tutte le cassette per le api sono le stesse (193/4" di lunghezza x 161/4 di larghezza), tranne che per alcune dimensioni delle cassette. Il corpo più profondo dell'arnia è profondo circa 9 1/2" ed è ampiamente utilizzato come cassetta per la covata delle api. I Supers sono scatole usate principalmente per l'immagazzinamento dello zucchero, che possono avere molte lunghezze. Le scatole per lo stoccaggio del miele sono delle dimensioni standard di 65/8" di profondità.

In effetti, ci sono alcune variabili.

Sì, ci sono diverse variabili sull'attrezzatura dell'alveare da affrontare all'inizio. L'apicoltore inesperto può essere un po' perso. La sensazione passerà rapidamente man mano che il trattamento diventa rilassato e semplice. L'attrezzatura dell'alveare necessaria per le esigenze di crescita per l'allestimento dell'alveare differisce a seconda dei flussi annuali stagionali di nettare.

Cosa c'è veramente nell'alveare oltre alle api?

Non troppo lontano. -- La scatola dell'arnia ha dieci serie di favi, e viene comunemente chiamata attrezzatura con dieci giochi.

Questo è il secondo tipo di hardware dell'alveare che è entusiasticamente assistito da molti apicoltori, utilizzando otto telai ed è quindi significativamente più piccolo. Ogni telaio ha un inserto di base rivestito di cera, che è impresso con l'effetto delle celle delle api. Questi inserti permettono alle api di creare favi di cera dritti invece di formarsi da sole i favi normalmente ondulati.

La pura meraviglia dell'alveare è che mantiene lo "spazio per le api". In cima ai pali, ai lati, sul fondo del contenitore, sotto il coperchio interno o tra gli escludiregina - lo spazio per le api di 1/4-3/8" viene tenuto per differenziare le parti componenti in qualsiasi punto dell'arnia. In caso contrario, le api possono inceppare qualsiasi cosa con colla d'api (propoli) o cera, sia che lo spazio diventi più ampio o più piccolo. Lo spazio per le api tra i telaini e gli altri componenti dell'alveare è vitale per il funzionamento delle attrezzature dell'alveare di oggi.

Cosa c'è che non va?

Vecchie attrezzature per l'apicoltura Il nuovo apicoltore può imbattersi in attrezzature per l'apicoltura alle aste o da qualcuno che ha usato attrezzature in vendita. Ci sono così tante variabili su questo argomento che si potrebbe scrivere un'intera sezione in breve tempo. Quando hai un eccellente compagno apicoltore, chiedi consiglio (ma poi forse potrebbe decidere di comprarlo anche lui). Diffida dei pettini di cera convenzionali. Possono ospitare malattie. Non è insolito per gli apicoltori ottenere offerte decenti su cose usate dopo che hanno postato questo. Ancora una volta, fai attenzione.

Arnie Top bar Molti apicoltori sono popolari con le arnie Top bar (TBH), di molti tipi. Non dovrebbe essere scioccante per l'apicoltore originale essere introdotto presto nei loro anni formativi a queste scelte di attrezzature. Anche se questi disegni di alveare sono divertenti e biologicamente eccitanti, il nuovo apicoltore sarà ben servito per iniziare con attrezzature standard, a meno che il nuovo apicoltore abbia un mentore TBH. Se si usa l'attrezzatura standard, c'è più supporto e molta più conoscenza per il principiante.

Attrezzatura di protezione personale L'apicoltore attuale avrebbe bisogno di api per contenere le api, dispositivi di arnia, e abbigliamento protettivo, e altri strumenti per la gestione. Come per i vari tipi di dispositivi per l'alveare, ci sono diverse versioni e disegni di abbigliamento di sicurezza ora disponibili. 10Dal meno al più: (1) una brutta maschera, (2) una mezza tuta con un velo attaccato, e (3) una tuta intera con un velo impostato. Poiché gli apicoltori principianti sono preoccupati per le punture occasionali e non sono sicuri di questa nuova impresa, non è insolito acquistare una tuta integrale. Non c'è speranza che un'ape stizzosa possa mai trovare un punto vulnerabile per colpire mentre indossa una tuta completa di guanti protettivi e clip regolabili ai polsi e alle caviglie. Il problema con quel vestito è che è sudato e sciatto indossarlo per intero. Ma all'inizio dell'apicoltura, tutto è assolutamente perfetto. Man mano che la fede aumenta tra gli apicoltori, si indossano indumenti protettivi sempre più leggeri. Ma il principiante noterà che per queste rare occasioni con le api, tutti gli apicoltori esperti dovrebbero essere estremamente attenti ad avere una tuta di protezione completa ovunque. Questo sarebbe un buon momento per cambiare le colonie di api di notte e indossare un'uniforme completa.

Con l'attrezzatura di sicurezza, la regola cardinale è sempre quella di sentirsi protetti. Se non lavori le api, allora non diventerai un apiario. Ti senti davvero a tuo agio e sicuro nel vestire le api?

Un affumicatore e una macchina per l'alveare - questo è tutto ciò di cui avrete bisogno per l'affumicatore per alveari 9L'affumicatore per alveari è quasi il marchio di fabbrica dell'apicoltura. Gli affumicatori hanno lo scopo di esporre le colonie di api a un fumo luminoso e vaporoso, provocando una certa confusione tra le api di guardia. Questo è quando gli apicoltori passano.

I vecchi fumatori coltivano un ambiente di vecchie sigarette e un sacco di ricordi. Gli affumicatori per api possono bruciare virtualmente ogni benzina bruciabile, ma questa è una discussione per un'altra sessione. Molti apicoltori devono avere un affumicatore o più. La maggior parte degli apicoltori realizzati devono averne un paio. Questo è un pezzo di equipaggiamento molto necessario per la gestione dell'alveare.

Dispositivo dell'alveare Ricordate la colla per api (propoli)
discussa prima. Per aprire un alveare e rimuovere i telaini - in
particolare dopo 8-10 mesi di incollaggio e cera delle api -
sarebbe necessario un dispositivo per l'alveare, che non è altro
che un piede di porco. Ogni apicoltore è senza un apicoltore, e in
una volta o nell'altra, entrambi gli apicoltori li perdono nella
foresta. Ottenere un paio di queste attrezzature necessarie non
avrebbe importanza.

Tipi di alveare e come scegliere quello giusto per te
Come apicoltore principiante, puoi scegliere tra molti stili di
alveare. Dai alle api qualsiasi cura speciale per il loro habitat
migliore.
Se vogliamo tenere le api, lo facciamo riconoscendo che le api
sono importanti per una buona impollinazione, e amiamo il
miele che fanno, naturalmente. Ciò che è ancora sfuggente,
tuttavia, è quale tipo di alveare è idealmente adatto a noi. Questa
decisione dipende da fattori diversi tra gli apicoltori. Qui ci sono
tre scelte di alveare da esplorare per aiutarvi a prendere la
decisione migliore per voi stessi e il vostro raccolto.

1. Questa fu inventata nel 1851 dal Dr. L. L. Langstroth, un
ministro del Massachusetts e apicoltore, e fu la prima arnia ad
avere telai rimovibili e rese più facile per gli apicoltori l'accesso
alla colonia per le ispezioni delle api. Un'arnia Langstroth
comprende una piastra di fondo, uno o due melari profondi

(18¼-by-14¼-by-9½), "uno o due melari, un coperchio interno, un coperchio esterno e telai.

Vantaggi della raccolta rapida: Ci sono vari vantaggi in un'arnia Langstroth, ma la selezione del miele è in cima alla lista. Le arnie Langstroth permettono la misurazione delle scorte di miele per gli apicoltori e la raccolta degli elementi necessari, e i macchinari per la raccolta del miele sono facilmente disponibili.

Attrezzatura standardizzata: Da un alveare sano, si possono prendere i telai per la covata e il miele e condividerli con una colonia più impoverita, dato che la maggior parte dei componenti sono standard per dimensioni e forma. Questo assicura anche che, quando è il caso, è possibile trovare pezzi di ricambio, e c'è abbondanza di attrezzature e risorse disponibili.

Mobilità: Un'arnia Langstroth è più comoda da spostare rispetto a un'arnia a barre superiori o un'arnia Warré, poiché le parti possono essere smontate e impilate.

Produzione: Le arnie Langstroth sono destinate a ridurre la produzione di fuchi e ad aumentare il miele e la covata. Che si tratti di allevare regine o di raccogliere propoli e polline, le arnie Langstroth sono una scelta intelligente.

Ventilazione: La ventilazione nelle afose giornate estive è fondamentale, e questo è un aspetto significativo del design Langstroth. Questo ha una ventilazione più eccezionale rispetto all'arnia top-bar, ma aiuta anche le api ad aggregarsi bene nell'aria invernale.

Informazioni facili da trovare: L'Oregon Master Beekeeper Program fa notare che nonostante l'abbondanza di conoscenze e la facilità di funzionamento, le arnie Langstroth possono essere migliori per i principianti.

Svantaggi Peso: Un deep super completamente carico peserà fino a 60 libbre! Non tutti i sollevatori di pesi sono apicoltori.

Estetica: Le arnie di Langstroth non sono naturali o belle, ma la vista di queste scatole è così regolare che sembrano non essere viste.

Design innaturale: Le api tendono a scegliere di creare un favo in strutture alte e circolari, e con la forma rettangolare del Langstroth, gli apicoltori spesso devono spostare i telai esterni al centro in modo che le api ne abbiano bisogno, il che disturba il lavoro delle api e le fa lavorare di più per portare l'alveare ad una temperatura e umidità ottimali. Le api mantengono un livello specifico di umidità e temperatura e disturbano la colonia, il che può metterla a rischio di contaminazione e intrusione. Tuttavia, le api e gli apicoltori hanno un sacco di lavoro da fare.

2. WARRÉ HIVE Non siete soli, anche se non avete mai sentito parlare delle arnie Warré. Sviluppato da Emile Warré, un prete francese, il modello di alveare sta guadagnando importanza negli Stati Uniti. Warré ha trascorso la sua vita usando e ricercando varie forme di alveari, e nei primi anni del 1900, ha sviluppato quello che ha chiamato "L'alveare del popolo". Lo stile è più piccolo di un'arnia Langstroth, con parti quadrate

piuttosto che rettangolari (12 pollici di larghezza e 8 pollici di profondità) e scatole attaccate al fondo piuttosto che alla cima.

Vantaggi dell'apicoltura Hands-Off: Una versione verticale dell'arnia top-bar, l'arnia Warré è costruita per imitare un albero cavo, che aiuta le colonie a sopravvivere al freddo dell'inverno, e le api costruiscono il loro favo su piastre senza fondazione. Questo design minimizza l'interferenza degli apicoltori e, naturalmente, rende le api felici e stabili ed è un'arnia ideale quando l'impollinazione è uno dei vostri obiettivi principali.

Controllo della temperatura e dell'umidità: L'alveare è sormontato da una scatola isolante di segatura tra due strati di tela di cotone. Questa struttura aiuta a regolare l'umidità e la temperatura.

Estetica: Mentre le arnie Warré sono rettangolari, hanno un aspetto meno utilitaristico, e grazie alla loro scala e alla natura del tetto a punta, possono sembrare molto pittoresche in un cortile o in un giardino.

Produzione: Inserendo le scatole in modo tempestivo, la produzione di miele può essere equivalente a quella di un metodo Langstroth.

Svantaggi Prezzo: Se non lo si crea da soli, le arnie warré possono essere costose, e i materiali non sono così ampiamente accessibili come il Langstroth.

Lavoro per due persone: Hai bisogno di una seconda persona che ti aiuti ad aggiungere i melari perché le arnie Warré sono progettate dal basso verso l'alto.

Strumenti per l'estrazione: L'estrazione del miele non è così facile come con l'arnia Langstroth, poiché i macchinari per la smielatura sono principalmente fatti su misura per i telai dell'arnia Langstroth.

Nessuna mangiatoia frontale: Non c'è spazio per una mangiatoia frontale su un'arnia Warré, il che richiede nuove tecnologie per integrare le colonie, se necessario.

3. Le arnie a barra superiore sono state in giro in un modo o nell'altro per decenni, ma solo recentemente hanno guadagnato importanza negli Stati Uniti. La parola chiave qui è semplicità: In questo tipo di arnia, le barre di legno sono sospese sopra una cavità dell'alveare con strisce di cera aggiunte al lato inferiore per facilitare la formazione dei favi, e non viene usata alcuna base di plastica. Le prove suggeriscono che gli apicoltori usavano cesti o vasi nell'antica Grecia per questo scopo. Le tipiche arnie a barra superiore avevano l'aspetto di lunghe scatole di legno a un piano, leggermente triangolari sul fondo, con un tetto alle estremità e un'entrata schermata. Alcuni aggiungono un lato di uno schermo di plexiglass per poter guardare la colonia al lavoro.

Vantaggi
Prezzo: I costi di avvio per le arnie a barra superiore sono relativamente modesti, quindi è facile da costruire da soli.

Accesso all'alveare: Lavorare l'alveare è più facile perché si rimuove un telaio alla volta, che tipicamente pesa da 3 a 7 libbre, e non si ha a che fare con nessun pesante ripiano.

Risparmiare spazio: Con questo tipo di alveare, non hai parti extra dell'alveare (come i melari) da conservare - basta bloccare una parte dell'alveare fino a quando la tua colonia ha bisogno di più spazio.

Disturbi limitati: Le api sperimentano un disturbo limitato con una configurazione top-bar quando si opera l'alveare, e se il vostro obiettivo primario è l'impollinazione, questo potrebbe essere lo stile giusto.

Svantaggi

Regolazione della temperatura: Le arnie a barra superiore rendono il controllo della temperatura più difficile per le api, soprattutto in condizioni di freddo. La configurazione estesa e su un solo livello delle scatole rende più difficile per le api stare al caldo e quindi un'ondata di freddo può devastare le colonie più rapidamente.

Produzione incoerente: La produzione di miele è più difficile da misurare che per un'arnia Langstroth: quanto stai prendendo? Di quanto sei fuori?

Nessuna attrezzatura standardizzata: L'attrezzatura standardizzata non è facilmente disponibile per le arnie a barra superiore, in particolare se si sta costruendo la propria scatola.

Allevamento della regina: In questo tipo di alveare, l'allevamento delle regine è più scoraggiante, poiché è difficile sequestrare la regina attiva.

In definitiva, il tuo scopo per tenere le api è il fattore più significativo nel determinare quale tipo di alveare scegli: impollinazione o miele. Pensa alla quantità di tempo che decidi di dedicare all'apicoltura, ai costi di avviamento, all'approvvigionamento delle forniture, alla forza della tua schiena e, alla fine, al benessere delle tue colonie. Non c'è una risposta sbagliata qui, e sarai finalmente sulla strada di un nuovo affascinante hobby.

Capitolo quarto

<u>Acquisto di api</u>

L'acquisto di api è il modo più semplice ed economico per l'apicoltore inesperto di lanciare un apiario. I due metodi più popolari per ottenere le api sono le api in kit o i nuclei di alveare.

- Ordinare le api: Chiama il fornitore locale di api o l'organizzazione locale di apicoltura per ordinare una spedizione di api. Molti acquisti dovrebbero includere una regina, diverse operaie e un alimentatore pieno di sciroppo di zucchero. Il produttore di api vi fornirà i dettagli su come spostare il kit di api nella loro nuova casa e aggiungere i lavoratori all'ape regina. Nella tua borsa delle api, lei vola in modo sicuro all'interno di una gabbia speciale.

O Il mezzo più comune per presentare la regina è quello di usare la forma lunga. Le api operaie possono incontrare la nuova monarca, mentre si fanno lentamente strada nel vuoto di cibo nella loro gabbia.

- Nucleo dell'alveare: Potete anche ordinare un nucleo dell'alveare. Un nucleo (comunemente conosciuto come "nuc") è una colonia di metà dimensione. La scala più comune è un nuc di cinque telai. Si ottengono cinque telai di piselli, uova, polline, regina e covata (uova per bambini). L'acquisto di un nuc ti dà la possibilità di saltare nello sviluppo della colonia. Questa strategia, però, è un po' più pericolosa delle api del kit, perché il favo diffonderà insetti e malattie dall'alveare donatore al tuo alveare.

Per il posto migliore per comprare api sicure nella tua città, controlla con un'organizzazione locale di apicoltori.

Vedere le api: In The Wild, Si chiamano sciami, le colonie di api che a volte si vedono in natura. Le api dividono anche i loro territori perché hanno bisogno di più spazio per la colonia in crescita. La sciamatura è un comportamento naturale tra le api del miele che di solito avviene in primavera. Non è difficile catturare uno sciame poiché le api sembrano essere miti. In ogni caso, assicurati di indossare ancora abiti puliti. Portare con sé uno sciroppo di acqua e zucchero e una sigaretta può anche essere una cosa intelligente per calmare quelle api irascibili.

Le api sui rami degli alberi possono essere raccolte rimuovendo l'ufficio e mettendo il reparto in un barattolo scuotendolo delicatamente. Le api possono essere dirette in un vaso su una superficie piana o su un palo di recinzione strofinandole dolcemente con del cartone, proprio come si farebbe per una paletta. Possono anche essere guidate ad esso sbuffando dietro di loro del fumo, spingendole a spingere nella direzione opposta (verso il contenitore). Spostare le api dal barattolo a un alveare, girandole dolcemente contro di esso.

Le api sciamano su un ramo: Ma a volte non è sempre più comodo avere una casa. Le api selvatiche possono avere una malattia o un materiale genetico scadente. La regina può essere stata ferita o uccisa ed è ancora difficile da individuare tra le api selvatiche.

Solo se puoi vederla, questo non significa che puoi portarla. Alcuni stati possono avere regole su ciò che si chiama terra, quindi prendere certe api può essere chiamato furto se il ramo dell'albero è sul cortile del tuo vicino. Consultare i codici comunali prima di tentare di intrappolare le api selvatiche. Decidi quale approccio è appropriato per te per ricevere le api, a seconda delle circostanze locali. Se hai un'organizzazione di apicoltori nella tua città, possono aiutarti a raccogliere uno sciame di api selvatiche o sapere dove puoi comprare una colonia iniziale.

Come trasportare l'ape

Aprire un alveare è una proposta intrinsecamente terrificante. Dopo tutto, il pacchetto include migliaia di "insetti pungenti"! L'apertura di una colonia può essere eccitante, affascinante e persino rilassante finché non ti abitui a gestirle e sai che nessuna di loro cerca di pungerti (dopo tutto, muoiono se pungono) Le api ti stanno mostrando come comportarti - sii lento, sereno, attento ed educato. Hai bisogno di tutta la tua concentrazione e dedizione in modo che tutte le preoccupazioni del mondo si sciolgano quando senti il profumo di propoli e miele, senti il ronzio rilassante delle api e osservi le attività coordinate dell'alveare. Se stai attento a non uccidere le api (la principale causa di puntura) e le tratti con dolcezza, usi correttamente l'attrezzatura e le protezioni di sicurezza, avrai solo una strana puntura.

Sì, una puntura fa male, ma se la gratti via con un'unghia o con uno strumento per api velocemente, ottieni pochissimo veleno, ed è un leggero fastidio, non qualcosa di cui aver paura.

La sigaretta è l'arma principale per fermare le punture. Un tocco di fumo distrae le api di guardia e le spinge via dalle zone che non vuoi, come la barra superiore dove devi posizionare le dita per togliere un cartellino. Se ne hai bisogno, un fumatore ben acceso non si spegne e può avere ore di fumo.

Inizia su un fumatore vuoto. Il fuoco esplode verso l'alto, e hai bisogno di una luce decente sul fondo, molto combustibile sopra, e qualcosa come uno straccio in cima per scuotere parzialmente il fuoco. Usa il tuo dispositivo alveare per accendere un pezzo di giornale di medie dimensioni (8"-10 "quadrati) con una fiamma o un accendino, forzalo nell'affumicatore, poi aggiungi altro carbone, pompa il mantice vigorosamente fino ad avere una scintilla sana e calda. Attaccare ancora un po' di benzina e pompare prima che sia ben bruciata. Poi riempire l'affumicatore con altro carbone, coperto con un pezzo di stoffa che includa quasi tutte le fiamme, permettendo un leggero flusso d'aria per far scorrere l'aria e il fumo. Pompa il mantice fino a quando il fumo denso, pulito e freddo è sufficiente, poi fermati. Quando non si pompa il mantice, un po' di fumo, non molto, uscirà dallo sputo. Il vostro combustibile può essere qualsiasi fibra naturale o filato cellulosico, come stracci di cotone, aghi di pino, trucioli di legno o cenere, segatura o bastoncini, iuta, pannocchie di mais, e così via. Evitare qualcosa che potrebbe essere dannoso, come legname trattato con calore, legno tinto, legno di cedro, materiali sintetici, spago da imballaggio, o sostanze che possono creare gas. Coprite il foro dell'affumicatore con un tappo di sughero alla fine della sessione, poi mettetelo su un lato per interrompere il flusso d'aria e spegnere le fiamme. Tra una decina di minuti sarà perfetto. Butta fuori la carbonella la prossima volta che l'accendi e usala per far partire bene il fuoco. Non buttare mai i carboni ardenti! Questo significa che è stato acceso un bel po' di fuoco nella foresta.

Invece di un affumicatore, si può scegliere di usare una bottiglia spray di sciroppo di zucchero sottile (circa una parte di zucchero per due pezzi di acqua), e aiuta perché le api sono solitamente rilassate, ma un affumicatore è più efficiente.

Indossa sempre un velo per tenere le api lontane dal tuo viso, che, anche se non pungono, possono essere snervanti. Quando un'ape sta per passare attraverso il coperchio, rimani immobile, allontanati dall'alveare, togli il coperchio, capovolgilo e lascia che l'ape voli fuori.

Dovresti comprare dei guanti e una maschera, ma smetti di usarli finché non incontri un alveare sporco. Indossali se all'inizio devi, ma allontanati da loro man mano che diventi più sicuro nel maneggiare le api. I guanti ti impediscono di sentire le api che possono essere sotto le dita, schiacciandole e irritando la colonia. Ti colpiranno tutti quelli che ti circondano, e colpiranno anche te quando ti toglierai i vestiti.

Aprite il vostro alveare in condizioni calde, verso mezzogiorno. Siamo particolarmente dolci quando c'è un flusso di miele in corso. Interrompi le sessioni nel tardo pomeriggio o quando è in arrivo un temporale, perché diventano più aggressive. Basta prestare attenzione ai vicini e non infastidire le api se sono vicine, nuotare nella loro piscina o fare un picnic. Date loro un barattolo di miele ogni tanto e vivete al sicuro.

Avvicinatevi all'alveare dalla parte posteriore o laterale e raggiungete la porta per fumare un po'. Rimuovere lo strato superiore e fumare sotto. Se è molto intrappolata, usando un mattone o una pietra, spingete dolcemente gli angoli verso l'alto, incrinando il legame di propoli. Rimuovi il coperchio superiore, poi mettilo a testa in giù sul tavolo. Sposta lo strumento dell'alveare e fai leva sotto un angolo del coperchio interno. Se è ancora intrappolato, fai leva anche sull'altro bordo. Potete anche usare due dispositivi sull'alveare, uno per mano. Tieni il dispositivo in mano ("palmo") mentre sollevi il coperchio interno, fuma un po' sotto di esso, e tienilo vicino all'alveare, alle api e a tutto il resto. Fai attenzione a non uccidere nessuna ape, perché le metti in una posizione in cui non le prendi a calci. Ora sei in grado di disegnare il primo telaio. Posiziona i tuoi piedi il più vicino possibile all'ape, in una posizione comoda e sicura. Seleziona una struttura da prendere dalla mano più vicina, di solito la seconda. I telai esterni dovrebbero essere attaccati alla scatola di burr comb, quindi vuoi che la regina prenda un telaio con meno probabilità. Se c'è un po' di bava di pettine tra le piastre superiori, rompilo dai telai vicini e il telaio che hai scelto salta fuori. Allenta tutte le estremità del telaio e usa il tuo attrezzo da alveare per fare leva lateralmente. Metti l'estremità dell'attrezzo vicino a un'estremità sotto la barra superiore e fai leva verso l'alto, usando il telaio adiacente come fulcro. Prendete la barra superiore vicino al bordo mentre fate leva sull'altro lato. Tieni la struttura con entrambe le mani ben salde e sollevala costantemente e perfettamente dritta fino a raggiungere i diversi telai, dando la possibilità alle api intrappolate tra i telai di togliersi di mezzo. Inclinare o girare il telaio schiaccerà le api, ti pungerà, e può uccidere la tua regina.

Soffia un po' di fumo sotto il super per riportare il super sull'alveare, spingi le api raggruppate sui piatti e affumica le api in cima alla scatola inferiore. Tieni il melario e rovescialo sul tavolo più piccolo in modo che solo un angolo arrivi in basso. Muovi dolcemente un lato verso il basso nel vassoio, dando alle api la possibilità di togliersi di mezzo. Muovi leggermente la scatola su e giù mentre la lasci lentamente cadere in posizione. Se lo fai bene, non c'è nessun suono di scricchiolio di api schiacciate, e te ne andrai, rimuovendo il coperchio interno e quello superiore allo stesso modo, senza pungerti.

Alimentazione delle nuove api
Potresti chiederti se le tue api muoiano di fame o se abbiano abbastanza provviste per superare l'inverno. E forse vuoi motivare la tua colonia a sistemarsi correttamente per una sicurezza ottimale in primavera. Quindi, quando date da mangiare alle vostre api, e come?
Come stai nutrendo le api?
In un ambiente perfetto lasceresti un sacco di miele per le api, così non avresti bisogno di nutrire le api. Di tanto in tanto, però, c'è un flusso di nettare debole e le api non hanno abbastanza

miele salvato, soprattutto se hai una nuova colonia appena iniziata in primavera.

Quando puoi comodamente prendere il tuo alveare, potrebbe essere pieno di api. La colonia in crescita ha bisogno di almeno 50-60 libbre di miele immagazzinato in inverno per impedire loro di morire di fame. Puoi iniziare a nutrirle se impari abbastanza presto nella stagione, come in autunno. Anche tu dovresti fornire le api, anche se non mangi fino all'inverno e all'inizio della primavera. Nelle fredde giornate invernali, potresti voler usare zucchero granulato o fondente.

Puoi usare una serie di stili di alimentatori per nutrire le tue api, assicurati solo che quello che usi si adatti all'ambiente e ai bisogni delle tue api. Molti alimentatori funzionano meglio di altri. Una mangiatoia per l'alveare che consiste in un secchio rovesciato con alcuni piccoli fori al centro del coperchio funziona bene. In questo modo, ancora, i barattoli Mason possono essere invertiti.

Se, in inverno, ispezionare o nutrire le api, non aprire l'alveare fino a quando fuori è almeno 40 gradi F con poco o nessun calore. Non tagliare mai i telaini per l'ispezione, a meno che non siano fuori ad almeno 60 gradi F.

Quando si alimentano le api, una questione è che si vuole promuovere lo sviluppo delle larve. Alcuni tipi di mangime aiutano lo sviluppo della covata più di altri: per esempio, a causa del suo minore contenuto d'acqua, lo zucchero granulato non lo fa. Date da mangiare solo quanto ne vuole. La sovralimentazione può causare la sciamatura delle api o la sovrapproduzione di covata.

Se hai conservato il miele, puoi nutrire le tue api con esso. Il bambino è il miglior cibo in assoluto per le api. Ma mai usato per comprare il miele, perché infetterà il tuo alveare con malattie e inquinamento! Gli apicoltori a volte mettere da parte nero, di colore forte, o altri "off" bambino in caso di emergenza per alimentare le api. In caso contrario, producono sciroppo di zucchero o si nutrono di zucchero secco.

Ricette con sciroppo di zucchero Polpette di polline Le api hanno bisogno di proteine, e se è il caso, puoi anche nutrirle con polpette di polline. Puoi comprarli da polvere secca, o farli. Metti la poltiglia con il polline sui pali superiori. La polvere è essenziale per allevare la covata all'inizio della primavera, quindi se sei preoccupato per le tue api, usa le polpette di polline all'inizio della primavera.

Fondente e caramelle di zucchero Fondente e caramelle di zucchero saranno servite in inverno se lo sciroppo di zucchero è troppo freddo anche se c'è un'emergenza.

Caramella di zucchero: Aggiungere 12 libbre di zucchero a un quarto di acqua bollente e mescolare bene. Far sobbollire 15 minuti, poi aggiungere 1/2 cucchiaino di sale e un cucchiaino di cremorfo. Lasciare raffreddare un po', poi mescolare vigorosamente e versare nei piatti. Quando è sufficientemente raffreddato, rovesciare il piatto sopra i telai che contengono il cluster. Assicuratevi di provare anche la formula per le caramelle dure.

Fondente: Mettere un quarto di acqua in un grande contenitore a bollire. Spegnere, aggiungere 5 libbre di zucchero granulato e mescolare. Quando lo zucchero è stato sciolto, portare di nuovo l'acqua ad ebollizione e iniziare a mescolare. Portare la miscela ad una palla di caramella dura, 260-270 gradi F su un termometro con un biscotto. Versare in stampi o su fogli di biscotti foderati di carta oleata. Dividere in parti più piccole fino al raffreddamento e coprirle nel congelatore in carta oleata.

Acquisto di colonie stabilite

Non è consigliabile per i nuovi arrivati acquistare colonie esistenti, ma gli apicoltori esperti possono considerare questo un modo realistico per aumentare il loro numero di province. I problemi associati all'acquisto di attrezzature e api usate includono la valutazione dell'effettivo valore di mercato, il rischio di malattie, e l'avere materiale di qualità estremamente volatile e probabilmente non di misure standard.

Anche se i ritorni finanziari da una colonia esistente possono essere realizzati nella prima stagione, i principianti non sono in genere adeguatamente qualificati per gestire un territorio di dimensioni complete. Attraverso l'acquisto di unità più piccole come pacchi o nucs in primavera, un principiante può imparare abilità apistiche più persuasive e aumentare la fiducia e le capacità di gestione man mano che la dimensione della colonia aumenta durante la stagione.

Capitolo quinto

<u>Le basi dell'ispezione dell'alveare</u>

L'ispezione quotidiana degli alveari è fondamentale per seguire la crescita delle api. Bisogna riconoscere i problemi e risolverli presto. È necessario sia per l'apicoltore con una colonia che per quelli con apiari esaminare l'alveare. Diversi alveari hanno le loro routine individuali per il controllo e la manutenzione. Molti alveari possono potenzialmente andare avanti per molto tempo senza aver bisogno di essere ispezionati, mentre altri possono richiedere ispezioni frequenti. Gli alveari di solito hanno bisogno di controlli più regolari nel loro primo anno. Nel secondo anno l'alveare avrebbe bisogno di molti meno controlli.

1. A cosa fare attenzione Durante un'ispezione dell'alveare, ci sono una varietà di elementi che potresti cercare. Il benessere della colonia di api e la stabilità strutturale dell'alveare sono solitamente di primaria importanza. Osservare le api regolarmente e ascoltarle ti aiuterà a stabilire le basi per un semplice rilevamento dei problemi. Può anche essere usato da qualcuno con un forte senso dell'olfatto per dare un'occhiata a come vanno le cose nei loro alveari! Gli apicoltori dovrebbero essere consapevoli della necessità di determinare la buona qualità della covata ogni tanto. In una colonia, la revisione prende la possibilità di valutare il benessere della covata. I cali nel numero di api suggeriscono una cattiva salute della famiglia. Se hai riscontrato un calo di covata nel tuo alveare, potresti

considerare di usare un richiamo di covata o di nutrire le api con le polpette di polline.

2. Un'ispezione dell'alveare ti aiuterà a prevedere la produzione della colonia. Usando la possibilità di determinare quale stanza dovrebbe essere inclusa per le tue api. Questo assicura l'aggiunta di più telai o scatole per alveari. Gli apicoltori aggiungeranno più spazio per le api finché non sarà essenziale. Popolazioni più grandi di api hanno maggiori probabilità di sopravvivere alle condizioni difficili.

Cose da notare: una colonia di api può dividersi o allontanarsi dall'alveare, che diventa troppo grande rispetto alla stanza in cui vive.
Ci sono vari modi di gestire le dimensioni della colonia di api, come la separazione degli alveari. Il tuo controllo dell'alveare ti dirà quando è il momento di ridurre la tua colonia di api.
La divisione della colonia è un modo di gestire la sciamatura. Durante le ispezioni degli alveari, le coppe delle regine e altri accorgimenti per la sciamatura dovrebbero metterti in guardia.
3. Cosa non indossare Non indossare profumi, colonie o usare spray per capelli profumati durante le ispezioni degli alveari. Durante un esame, gli odori dolci attirano l'attenzione delle api più di quanto si voglia. Ricordati di togliere anche i gioielli, in particolare gli anelli. Se vieni punto sul palmo della mano, quando sei su un cerchio, il dolore sarebbe ancora più naturale

per te da affrontare. Questo perché gli anelli non crescono. La pelle e la lana sono tessuti che possono disgustare le api. Il loro odore aggrava le api, e i materiali portano una grande quantità di odore corporeo percepibile dalle mosche.

4. Cosa indossare Un'ispezione dell'alveare ti mette in prossimità delle api per il loro design e i loro scopi. La protezione è principalmente per gli apicoltori. Durante le ispezioni degli alveari dovrai indossare un equipaggiamento protettivo per fissarlo correttamente, e se sei nei pressi di un alveare. Basta una sola ape scontenta per farti cadere nell'alveare e aggravare un sacco di api operaie. Assicurati di avere una macchina per l'alveare e un affumicatore per l'ispezione dell'alveare oltre all'attrezzatura di sicurezza.

Consigli di sicurezza Se un'ape cerca di farsi strada attraverso la tua sciarpa durante un'ispezione dell'alveare o sotto il tuo vestito da apicoltore, cerca di non preoccuparti. Allontanati dall'alveare senza far schiacciare l'ape.
Basta togliere il velo o la maschera da ogni alveare se a distanza di sicurezza. Si dovrebbe affrontare il problema dell'ape sotto la tuta da apicoltore con un ritmo sano.
Le esitazioni e altre attività nervose possono peggiorare le api. Quando si esita, è anche più probabile che si commetta un errore.

5. Quanto bisogna controllare un alveare La durata dell'apertura varia da uno all'altro? Anche gli apicoltori possono variare i loro orari per l'ispezione degli alveari a seconda della loro disponibilità a svolgere tale indagine. Anche se gli apicoltori devono tenere d'occhio le loro colonie di api e gli alveari, non devono nemmeno turbare le api. Si dovrebbe ispezionare un alveare medio ogni 2-3 settimane. Gli sciami più recenti hanno bisogno di un'ispezione per monitorare i progressi ogni 7-10 giorni.

Poiché l'alveare dura più a lungo con le api al suo interno, gli apicoltori aumentano lentamente il numero di giorni o settimane tra le ispezioni dell'alveare. Sappiate che ogni interferenza dell'alveare richiede un giorno per il recupero delle api. Questo significa che il tempo perso a raccogliere nettare e polline da usare nell'alveare sarebbe speso meglio. Questo si riferisce solo alle colonie di api appena montate. Se ci metti troppo a infastidirle, potrebbero voler lasciare l'alveare e andare a stare altrove.

Gli apicoltori principianti possono avere preoccupazioni su come sta andando la loro colonia di api. Nella loro inesperienza possono finire per aprire i loro alveari troppo spesso. Ispezioni molto regolari degli alveari porteranno allo stress della colonia. Le api non trovano familiare che gli sciami vengano intrufolati intorno e dentro. Gli impatti dei conflitti di colonia non sono adatti all'apicoltura. Le api lasceranno l'alveare o uccideranno la loro regina. Altri sono stati trovati con spostamenti a bassa frequenza delle regine. Ispezionare un alveare è giusto, ma non esagerare. Ogni volta che fai un'ispezione dell'alveare, assicurati di avere una buona spiegazione per questo.

6. Se non si apre un alveare, è anche un momento difficile per le api per iniziare una colonia. Per qualsiasi intervento che fai durante un'ispezione dell'alveare, le api hanno bisogno di tempo per recuperare. Non dovresti aprire troppo un alveare per evitare una minore produttività e benessere delle tue api. Anche le condizioni ambientali valutano l'attitudine all'ispezione dell'alveare.

Con il freddo, si consiglia agli apicoltori di non aprire più gli alveari. Per le ispezioni degli alveari, le condizioni climatiche moderate sono le più sicure. Non dovrebbe essere né secco, né ventoso, né gelido. Anche il tempo piovoso o piovoso non è adatto. Avere telai di covata sollevati è particolarmente dannoso per la tua colonia di api. Il freddo colpisce la covata, il che si traduce in una crescita ridotta.

Le api accendono l'alveare durante i mesi invernali, usando il miele come fonte di energia. L'apertura invernale dell'alveare aggiunge pressione per mantenere l'alveare asciutto. Le api possono mangiare più polline, riducendo così le risorse necessarie per essere utilizzate dalla colonia durante l'inverno.

7. La migliore ora del giorno per ispezionare l'alveare Per rendere l'ispezione dell'alveare comoda e un momento conveniente per le api, assicurati che il corpo non copra o ostruisca le entrate dell'alveare. Gli apicoltori esperti esercitano i tempi di un'ispezione dell'alveare. Prevedono l'ora del giorno in cui la maggior parte delle api sono fuori a foraggiare ed esaminare l'alveare. Questo spiega l'aggravante del minor numero di api nel nido. L'orario perfetto per effettuare i controlli è tra le 11 e le 14. Durante le ispezioni, bisogna essere molto attenti all'ape regina.

A proposito della regina In un'ispezione dell'alveare, non è necessario vedere la regina.
Le uova depositate nelle celle sono un segno della presenza di un'ape regina di successo nell'alveare.
Gli apicoltori che non hanno esperienza nel riconoscere l'ape regina possono segnarla per un'individuazione più semplice.
Affidarsi alla luce naturale Non è salutare per gli apicoltori portare con sé attrezzature di illuminazione da usare durante le ispezioni degli alveari. Gli apicoltori si affidano alla luce naturale quando l'arnia viene aperta e rimessa insieme. Intorno alle 11 del mattino e alle 2 del pomeriggio, le ore del giorno hanno un bonus aggiunto in quanto il sole è ben alto nell'atmosfera. Questo illumina l'interno dell'alveare quando lo si apre e lo si esamina. Se fai un'ispezione dell'alveare durante queste ore approvate, avrai meno luce con cui avere a che fare.

8. Ispezioni: Le api sono meno attive durante lo svernamento. Si disperdono in profondità all'interno dell'alveare e non colpiscono la cima. I controlli dell'alveare invernale saranno completati rapidamente. Si ottengono meglio quando la temperatura non è troppo bassa. Una breve occhiata è tutto ciò che si può avere. La tua ispezione invernale dell'alveare è un momento perfetto per nutrire le tue api anche. Gli alimenti che gli apicoltori danno alle loro api durante l'inverno sono torte di zucchero e polpette di proteine. In inverno, non strappare l'intero alveare. Durante l'inverno, gli apicoltori che eseguono un'ispezione dell'alveare possono rimuovere solo il coperchio superiore e quello interno. Se la tua colonia ha una copertura isolante, puoi rimuovere il telo superiore. Controlla il nostro post sui consigli utili per l'apicoltura in inverno per maggiori informazioni.

Usare una lista di controllo per l'ispezione dell'alveare

Ispezione dell'alveare

Durante le ispezioni degli alveari, gli apicoltori possono usare una lista di controllo su un alveare. Una lista ti aiuterà a svolgere con precisione tutte le attività di ispezione dell'alveare previste. Ti permette di tenere traccia di ciò che hai fatto durante e ispezioni, e di creare un registro cronologico del benessere dei tuoi alveari.

Per varie forme di controllo, gli apicoltori possono avere una lista di controllo standard. Una lista di controllo può avere un certo numero di voci impostate, e si può aggiungere altro spazio.

Gli alveari sono unici a modo loro, e possono avere bisogno di una lista di controllo propria. I vari stili di alveare hanno diversi problemi tecnici da tenere d'occhio. Alcuni disegni di alveari possono permettere alle api di attingere in modo inappropriato dal favo. Durante le ispezioni degli alveari, questa bava di favo dovrebbe essere raccolta prontamente. La guida permette di identificare rapidamente temi e modelli.

Il numero infinito di aree e aspetti dell'integrità dell'alveare di cui hai bisogno nella tua lista di controllo di ispezione include (ma non si limita a): aspetto generale dell'alveare Prove di parassiti e malattie Prevalgono il tempo e la riproduzione.

Il modo migliore per ottenere le api per un nuovo apicoltore, secondo me, è comprare un nuc a livello locale da altri apicoltori. In questo modo, le tue api non saranno spedite, che di solito è stressante, e incontrerai anche un collega apicoltore che potrebbe aiutarti nel momento del bisogno.

Confusione sul posizionamento degli alveari

Alveari in un campo

Decidere dove mettere il tuo alveare è una delle sfide più comuni per un nuovo apicoltore. Se hai molti anni di attività, hai conoscenze specifiche in materia. Viviamo in un'epoca in cui il cambiamento climatico, i prodotti chimici e l'economia hanno un impatto reale sulla nostra attività.

I nuovi apicoltori tendono a iniziare nel loro cortile. Questo è un modo semplice per iniziare se si vive fuori città, ma se si vive circondati da vicini, o vicino a una strada, ha le sue sfide. Alcuni libri e siti web dicono che puoi mettere il tuo alveare quasi ovunque perché le api viaggiano molto per ottenere il loro nettare.

A volte mi chiedo se questa persona sia mai stata vicino a un alveare nella sua vita. Sì, le api volano e percorrono chilometri per ottenere il loro nettare, ed è per questo che è una sfida. Nessun apiario dovrebbe essere collocato dove causano un rischio potenziale per altre persone, animali o api stesse. Devi trovare un posto che abbia un'eccellente fonte floreale. Dovrebbe anche proteggere le tue api da predatori e vandali, avere una fonte d'acqua vicina con drenaggio e una giusta quantità di sole.

Fonte floreale necessaria per le api

Si potrebbe pensare che se un campo è pieno di fiori, le nostre api lo ameranno. Ma lasciate che vi chieda: vi piace tutto il cibo disponibile al supermercato? Direi di no? Le api sono uguali; non raccolgono il nettare da tutti i fiori che crescono nel vostro cortile.

Si stima che ci siano 20000 specie di api nel mondo, e l'ape da miele è solo una di queste. Diversi tipi di api da miele si sono evoluti per impollinare specie di piante all'interno del loro habitat naturale. Per esempio, le api in Italia sono attratte dai fiori di agrumi. Se un'ape non avesse un fiore di agrumi nel suo habitat naturale, ignorerebbe quel fiore. Se prendi le api africanizzate del Brasile che impollinano l'Amazzonia e le porti nel sud del Brasile per impollinare l'Eucalipto, non sopravviveranno. Conoscere le specie di piante e le varietà autoctone intorno a te sarà utile nel tuo viaggio in apicoltura.

Manipolazione delle api regine
Un alveare non può sopravvivere senza la regina. E molti apicoltori principianti non notano quando la loro colonia è senza regina, di solito a causa del presupposto che il comportamento della colonia sta per cambiare drammaticamente. Quando un alveare è senza regina, non si sta andando a notare un cambiamento nel comportamento della colonia subito.
Ci sarà molto miele e il traffico all'entrata dell'alveare sarà sano, perché le operaie senza larve di cui occuparsi, dedicheranno tutto il loro tempo a foraggiare. Quando l'apicoltore si accorge della diminuzione della popolazione, e se la colonia è stata senza regina per troppo tempo, è già troppo tardi, e la colonia morirà.

Una regina produce quasi 2000 uova al giorno. Quando noti che non c'è covata durante la stagione calda, è un'indicazione che il tuo alveare potrebbe essere senza regina. Un'altra cosa che può succedere è che si nota che la regina deve essere sostituita. La vecchia regina può vacillare e non produrre la stessa quantità di uova che produceva prima. Il comportamento della colonia non è quello che dovrebbe essere. Oppure, la provincia non è produttiva. Tutti questi segni ti portano alla necessità di cambiare la tua regina.

La buona notizia è che ci sono molti modi per sostituire una regina, e che le api, in generale, hanno una percentuale piuttosto alta di accettare una nuova regina. Inoltre, le api fanno un sacco di lavoro per voi, e decidono loro stesse quando una nuova regina è necessaria. E agiscono di conseguenza. Controlla il mio articolo "Quante api regine ci sono in un alveare" per maggiori dettagli su come si fa.

Se avete intenzione di introdurre la nuova regina, assicuratevi che la vecchia regina sia morta o andata via un giorno prima di inserire la nuova regina che avete ordinato. Se aspettate troppo tempo per introdurre una nuova regina, le operaie inizieranno a deporre le uova, che in futuro diventeranno fuchi.

Prezzi del miele e domanda di mercato

Se ti stai dedicando all'apicoltura a scopo di lucro, una delle principali cause di abbandono dell'attività da parte degli apicoltori è quando il costo è superiore al prezzo del prodotto.

L'apicoltura oggi affronta un sacco di sfide di cui abbiamo parlato prima, ma la ragione principale per cui un apicoltore abbandona è che il mercato lo espelle. Per esempio, l'anno scorso, il 30% degli apicoltori di uno dei più tradizionali esportatori di miele del mondo, l'Uruguay, ha abbandonato l'attività.

Se state praticando l'apicoltura per hobby, non avrete questo problema. Ma ad un certo punto, produrrai più miele di quello che puoi consumare, e potresti volerne vendere un po'. Infatti, l'apicoltura è considerata un modo molto sostenibile di togliere le persone dalla povertà ed è sostenuta da molti governi in tutto il mondo.

I prezzi del miele variano molto perché ogni attività dipende dall'offerta e dalla domanda. E se sei in un grande mercato di consumo di miele, potresti beneficiare o subire le conseguenze di una siccità o di un'inondazione dall'altra parte del mondo. Ricercare e avere una strategia per vendere il prodotto è qualcosa che consiglierei una volta che hai iniziato a produrre più miele. Inizia a vendere ai tuoi amici, parla con le imprese locali per offrire il tuo prodotto attraverso di loro. Il bambino di vendita può essere un'attività redditizia.

Carenza di nettare

Una penuria di nettare è la carenza di fiori che producono nettare. E generalmente accade in inverno. Ma per un nuovo apicoltore riconoscere e gestire una carenza di nettare (specialmente quella che si verifica in estate) è una sfida. La penuria di nettare in estate è causata dalla siccità, o da scarse precipitazioni, e dal calore eccessivo.

Tra le cose che possono succedere durante una penuria di nettare, oltre alla carenza di fiori che producono nettare, c'è il fatto che una colonia sana potrebbe tentare di rubare ad una colonia più debole la sua riserva di nettare. Un insediamento può essere spogliato delle sue scorte di cibo, e i combattimenti e le morti tra le api iniziano, aprendo la porta ad altri predatori, come i calabroni, per attaccare la colonia fino alla loro distruzione.

Un'altra conseguenza è il trasferimento di parassiti, come l'acaro varroa, dalla colonia debole a quella più forte. Questo è uno dei motivi per cui una colonia sana può crollare nel giro di qualche settimana. E gli apicoltori rimangono a chiedersi cosa sia successo.

Una volta che riconosci una penuria di nettare (vedi questo articolo su come identificare la penuria di nettare - cos'è una penuria di nettare e come sopravvivere), puoi prendere le seguenti misure per proteggere le tue api:

Date loro da mangiare dello sciroppo. Evita di mettere una mangiatoia nella porta dell'arnia, per evitare di attirare altre colonie. Usa una mangiatoia interna per mantenere il cibo all'interno dell'alveare.

Se hai intenzione di nutrirle, evita gli oli essenziali o altri prodotti progettati specialmente per la penuria di nettare.

Attireranno api che si trovano a chilometri di distanza. Metti il nettare all'interno e non preoccuparti, le api troveranno il cibo. Ridurre l'ingresso alla colonia - chiudere i cancelli superiori. Se hai deciso di nutrirli o meno, questa dovrebbe essere una delle prime cose che fai per proteggere il territorio dagli altri.
Non mettere mangiatoie comunitarie o telai bagnati vicino al tuo apiario - e' un invito alle colonie più forti vicino alla tua colonia più debole.

Le sfide saranno più facili una volta che avrete iniziato.
So che potrebbe sembrare che l'apicoltura sia piena di sfide, specialmente per i nuovi apicoltori. Ma il fatto è che tutte queste sfide e problemi cominceranno ad apparire sempre più piccoli una volta che si inizia a ricercare, imparare e fare esperienza pratica nell'apicoltura.
Uno dei motivi per cui l'apicoltura è un grande hobby è che è così vario, e si continua a imparare continuamente. Questo è il motivo per cui mi piace; spero che lo farai anche tu.

Cicli stagionali di attività nelle colonie
Una colonia di api mellifere comprende un gruppo di diverse fino a 60.000 operaie (femmine sessualmente immature), una regina (una femmina sessualmente sviluppata) e, a seconda della popolazione della colonia e della stagione dell'anno, da poche a diverse centinaia di fuchi (maschi sessualmente

sfruttati). Una colonia ha tipicamente una sola regina, la cui unica funzione è la deposizione delle uova. Le api si raggruppano liberamente su diversi favi di cera, le cui celle sono usate per immagazzinare miele (cibo di carboidrati) e polline (cibo proteico) e per allevare le giovani api che sostituiscono i vecchi adulti.

Le attività di una colonia variano con le stagioni. Il periodo da settembre a dicembre può essere considerato l'inizio di un nuovo anno per una colonia di api. Le condizioni dell'insediamento in questo periodo dell'anno influenzano drammaticamente la sua prosperità per l'anno successivo.

1Entomologo di ricerca, Amministrazione della Scienza e dell'Educazione, Centro Carl Hayden per la ricerca sulle api, Tuscon, Ariz. 85719.

In autunno, una riduzione delle quantità di nettare e polline che arrivano nell'alveare provoca una riduzione dell'allevamento della covata e una diminuzione della popolazione. A seconda dell'età e della condizione di deposizione delle uova della regina, la proporzione di api vecchie nella colonia diminuisce. Le giovani api sopravvivono all'inverno, mentre le vecchie muoiono gradualmente. La propoli raccolta dalle gemme degli alberi viene usata per sigillare tutte le fessure dell'alveare e ridurre le dimensioni dell'ingresso per tenere fuori l'aria fredda.

Quando il nettare nel campo diventa scarso, i lavoratori trascinano i fuchi fuori dall'alveare e non li lasciano tornare, facendoli morire di fame. L'eliminazione dei ronzii riduce il consumo dei depositi di miele invernali. Quando la temperatura scende a 57° F, le api cominciano a formare un grappolo stretto. All'interno di questo gruppo, la covata (composta da uova, larve e pupe) è mantenuta calda - circa 93° F - con il calore generato dalle api. La deposizione delle uova da parte dell'ape regina diminuisce e può cessare del tutto durante ottobre o novembre, anche se il polline è immagazzinato nei favi. Durante gli inverni freddi, la colonia è messa a dura prova. In condizioni subtropicali, tropicali e di inverno mite, la deposizione delle uova e l'allevamento della covata di solito non si fermano mai. Quando le temperature scendono, le api si avvicinano per conservare il calore. Lo strato esterno di api è strettamente compresso, isolando le api all'interno del gruppo. Quando la temperatura sale e scende, il gruppo si espande e si contrae. Le api all'interno del gruppo hanno accesso alle riserve di cibo. Durante i periodi caldi, il grappolo sposta la sua posizione per coprire nuove aree di favo contenenti miele. Un'ondata di freddo estremamente prolungata può impedire il movimento del grappolo e le api possono morire di fame a pochi centimetri dal bambino.

La regina rimane all'interno del grappolo e si muove con esso quando cambia posizione. Le colonie che sono ben rifornite di miele e polline in autunno inizieranno a nutrire in modo stimolante la regina, e si verifica la deposizione delle uova alla fine di dicembre o all'inizio di gennaio, anche nelle zone settentrionali degli Stati Uniti. Questa nuova covata aiuta a sostituire le api che sono morte durante l'inverno. L'estensione della covata precoce è determinata dalle riserve di polline raccolte durante l'autunno precedente. Nelle colonie con una mancanza di polline, l'allevamento della covata è ritardato fino a quando la polvere fresca viene raccolta dai fiori primaverili, e queste colonie di solito emergono dall'inverno con popolazioni ridotte. La popolazione della colonia durante l'inverno di solito diminuisce perché le api vecchie continuano a morire; tuttavia, le province con un sacco di api giovani prodotte durante l'autunno e un'ampia fornitura di polline e miele per l'inverno di solito hanno una popolazione sana in primavera.

Attività di primavera

All'inizio della primavera, l'allungamento delle giornate e le nuove fonti di polline e nettare stimolano l'allevamento della covata. Le api raccolgono anche acqua per regolare la temperatura e per liquefare il miele denso o granulato nella preparazione del cibo per la covata. I fuchi saranno assenti o scarsi in questo periodo dell'anno.

Più tardi in primavera, la popolazione della colonia si espande rapidamente e la proporzione di api giovani aumenta. Con l'aumento della popolazione, aumenta anche la forza lavoro sul campo. Le api di campo possono raccogliere nettare e polline in quantità superiori a quelle necessarie per mantenere l'allevamento della covata, e le eccedenze di miele o polline possono accumularsi).

Quando i giorni si allungano e la temperatura continua ad aumentare, il grappolo si espande ulteriormente e vengono prodotti i fuchi. Con l'aumento dell'allevamento della covata e il conseguente aumento delle api adulte, l'area del nido della colonia diventa affollata. Più api sono evidenti all'ingresso del nido. Un segno rivelatore del sovraffollamento è vedere le api strisciare fuori e appendere in un gruppo intorno alla porta in un pomeriggio caldo.

In combinazione con le condizioni di affollamento, la regina aumenta anche la deposizione di uova da parte dei fuchi per preparare la divisione naturale della colonia tramite sciamatura. Oltre ad allevare operaie e fuchi, le api fanno anche per allevare una nuova regina. Alcune larve che normalmente si svilupperebbero in api operaie vengono nutrite con un eccezionale alimento ghiandolare chiamato pappa reale, le loro cellule vengono ricostruite per ospitare la regina più grande, e il suo tasso di sviluppo viene accelerato. Il numero di cellule regine prodotte varia a seconda delle razze e dei ceppi di api e delle singole colonie.

Indipendentemente dalla sua condizione di affollamento, la colonia cercherà di espandersi costruendo nuovi favi se il cibo e lo spazio sono disponibili. Questi nuovi favi sono generalmente usati per la conservazione del miele, mentre i favi più vecchi sono usati per la conservazione del polline e l'allevamento della covata.

Sciame

Quando la prima regina vergine è quasi pronta ad emergere, e prima del flusso principale di nettare, la colonia sciamerà durante le ore più calde del giorno. La vecchia regina e circa la metà delle api si precipitano in massa fuori dall'ingresso. Dopo aver volato in aria per diversi minuti, si raggrupperanno sul ramo di un albero o un oggetto simile. Questo grappolo di solito rimane per un'ora o giù di lì, a seconda del tempo impiegato per trovare una nuova casa dalle api esploratrici. Quando viene trovato un luogo, il grappolo si separa e vola verso di esso. Una volta raggiunto il sito originale, i favi vengono rapidamente costruiti, inizia l'allevamento della covata e vengono raccolti nettare e polline. La sciamatura avviene generalmente negli Stati centrali, meridionali e occidentali da marzo a giugno, anche se può avvenire in qualsiasi momento da aprile a ottobre.

Dopo la partenza dello sciame, le api rimaste nella colonia madre continuano il loro lavoro sul campo per raccogliere nettare, polline, propoli e acqua. Si prendono anche cura delle uova, delle larve e del cibo, fanno la guardia all'entrata e costruiscono i favi. I fuchi emergenti sono nutriti in modo che ci sia una popolazione maschile per accoppiare la regina vergine. Quando emerge dalla sua cella, mangia il miele, si pulisce per un breve periodo e poi procede a cercare regine rivali all'interno della colonia. Il combattimento mortale elimina tutte le regine tranne una. Quando la sopravvissuta ha circa una settimana, vola fuori per accoppiarsi con uno o più fuchi in volo. I fuchi muoiono dopo l'accoppiamento, ma la regina accoppiata ritorna al nido come nuova regina madre. Le api nutrici si prendono cura di lei, mentre prima dell'accoppiamento era ignorata. Entro 3 o 4 giorni, la regina accoppiata inizia a deporre le uova. Durante le calde giornate estive, la temperatura della colonia deve essere mantenuta a circa 93° F. Le api lo fanno raccogliendo l'acqua e spargendola all'interno del nido, facendola così evaporare all'interno dell'ammasso grazie alla sua esposizione alla circolazione dell'aria.

Durante l'inizio dell'estate, la colonia raggiunge il suo picco di popolazione e si concentra sulla raccolta di nettare e polline e sull'immagazzinamento del miele per il prossimo inverno. Dopo la riproduzione, tutta l'attività della colonia è orientata alla sopravvivenza invernale. L'estate è il momento per lo stoccaggio delle scorte di cibo in eccesso. Il periodo di luce del giorno è allora più lungo, permettendo il massimo del foraggiamento, anche se la pioggia o la siccità possono ridurre il volo e la quantità di nettare e polline disponibile nei fiori. È durante l'estate che si accumulano i depositi per l'inverno. Se viene immagazzinato abbastanza miele, l'apicoltore può rimuoverne una parte e lasciarne ancora una quantità sufficiente per la sopravvivenza della colonia.

Raccolta di miele e cera d'api

Quando si estrae il miele dagli alveari, le cappette che si tagliano fuori rappresentano il vostro raccolto di cera maggiore per l'anno. Probabilmente otterrete 1 o 2 libbre di cera per ogni 100 libbre di miele che si raccolgono. Se hai un alveare Top Bar e stai usando una pressa per miele, avrai una quantità ancora maggiore di cera d'api.

Questa cera può essere pulita e fusa per tutti i tipi di usi. Libbra per libbra, la cera vale più del miele, quindi vale sicuramente la pena fare un po' di sforzi per recuperare questo premio. Ecco alcune linee guida:

Permettere alla gravità di drenare quanto più miele possibile dalla cera.

Lasciar scolare la cera per qualche giorno. L'uso di un doppio serbatoio di disopercolatura semplifica drasticamente questo processo.

Mettere la cera drenata in un secchio di plastica da 5 galloni e riempirlo con acqua calda (non calda).

Usando una paletta - o le tue mani - sbatti la cera nell'acqua per lavare via il miele rimasto. Scola la cera attraverso un colino o un colino per miele e ripeti questo processo di lavaggio fino a quando l'acqua non diventa chiara.

Mettere la cera lavata in una doppia caldaia per la fusione.

Usare sempre una doppia caldaia per sciogliere la cera d'api (non sciogliere mai la cera d'api direttamente su una fiamma aperta perché è altamente infiammabile). E mai, mai lasciare la cera in fusione - anche per un momento. Se hai bisogno di andare in bagno, spegni il fornello!

Filtrare la cera d'api fusa attraverso un paio di strati di cheesecloth per rimuovere qualsiasi detrito.

Rifondere e filtrare nuovamente, se necessario, per rimuovere tutte le impurità dalla cera.

La cera resa può essere versata in uno stampo a blocchi per un uso successivo.

Puoi usare un vecchio cartone del latte, per esempio. Una volta che la cera fusa si è solidificata nella confezione, può essere facilmente rimossa strappando il cartone: ti rimane un blocco pesante di cera d'api pura e dorata.

Conclusione

Le persone di solito entrano nel business dell'apicoltura (apicoltura) per vari motivi, come ad esempio per aiutare l'impollinazione incrociata delle colture, l'allevamento e la vendita, o per ottenere il miele e altri prodotti delle api, cioè, cera o propoli. Coloro che desiderano dedicarsi all'apicoltura dovrebbero sempre affrontare le questioni legali che regolano l'apicoltura nella loro località prima di iniziare. Gli alveari devono anche essere collocati in un luogo che riceva abbastanza sole e vicino a fiori e a una fonte d'acqua. Un luogo che non sia facilmente accessibile ai predatori di api sarà l'ideale.

Va detto che la popolazione di api è crollata negli ultimi anni in tutto il mondo, e a causa del ruolo che svolgono nell'impollinazione, e il conseguente compito che le piante svolgono nella produzione di ossigeno, (che, l'ultima volta che abbiamo controllato, è vitale per la sopravvivenza umana), ora è il momento perfetto per diventare un apicoltore, anche se è solo come hobby.

www.ingramcontent.com/pod-product-compliance
Lightning Source LLC
Chambersburg PA
CBHW061001050726
47592CB00003B/1288